HOW TO SURVIVE AUF DEM DORF

KRISTINA VOM DORF

HOW TO SURVIVE AUF DEM DORF

AUF DU UND DU MIT DER PROVINZ – FÜR DAHEIMGEBLIEBENE, RÜCKKEHRER UND ZUGEZOGENE!

MIT ILLUSTRATIONEN VON JANA MOSKITO

SCHWARZKOPF & SCHWARZKOPF

INHALT

WARUM SIE DIESES BUCH LESEN SOLLTEN

Vorwort

Ich weiß nicht, ob es Ihnen genauso geht, aber meine Kindheit hat mich unglaublich geprägt. Sie war nicht nur äußerst glücklich und spannend, sondern ich hatte auch das große Glück, auf dem Land groß zu werden. Dass das Landleben etwas Besonderes für mich ist, verstehe ich heute viel besser als damals. Erst als ich nach und nach in immer größere Städte gezogen bin und nur noch selten zu Hause war, ist mir klar geworden, dass ich besondere Freiheiten und einen ganz speziellen Zusammenhalt in meiner Heimat erleben durfte, was alles andere als selbstverständlich ist. Sei es die räumliche Freiheit durch die weiten Felder und Wälder oder meine Spielkameraden, die immer nur ein paar Meter entfernt wohnten. Doch im Speziellen meine ich das Leben in der Dorfgemeinde, ein Leben, in dem du nie allein bist, immer jemand ein Auge auf dich hat, ob du willst oder nicht. Was daran schön sein soll? Dieses Buch wird es Ihnen erklären.

Auf dem Land wurden mir Werte und Rituale vermittelt, die mich noch heute erfolgreich durchs Leben führen. Ich habe gelernt, anzupacken, mich durchzusetzen, andere zu unterstützen, zu genießen, und habe eine ganz spezielle Verbindung zur Natur. Dass Jogging- und Arbeitshosen im Kleiderschrank wichtiger sind als Abendgarderobe, unterschreibe ich auch. Ich habe dennoch beides. Der harte Umgangston bei der Heuernte oder bei anfallenden Baumaßnahmen hat mich abgehärtet und ließ mich jeden mieslaunigen Professor, fiesen Chef oder saublöden Kollegen ertragen. Dass ich noch heute bei jedem Umzug den Kontakt zu den neuen Nachbarn suche und mich persönlich mit Geschenk vorstelle, ist ebenso ein

Überbleibsel meiner Dorfjahre und lässt mich nie einsam sein, egal, wo ich lebe.

Für Außenstehende müssen eine Dorfgemeinschaft und die »freiwilligen Gesetze« auf dem Land beängstigend und befremdlich wirken. Um diese zu verstehen, müssen Sie die Ansichten und Überzeugungen der Dörfler kennen und versuchen, sich hineinzudenken. Das Buch wird Ihnen dabei helfen, einen Koffer voller Toleranz und Verständnis müssen Sie dennoch mitbringen. Ein paar Sachen habe ich selbst allerdings bis heute nicht kapiert.

Völlig gegenteilige Emotionen wird dieses Buch bei den Menschen auslösen, die bereits auf dem Land gelebt haben oder dies noch immer tun. Ich hoffe, dass Sie zwischen sentimentalen Erinnerungen, befürwortendem Schmunzeln und dem Sinnieren in alten Geschichten ab und zu das Weiterlesen vergessen und Ihre Gedanken kreisen lassen.

Doch auch, wenn Sie das Dorf bewusst verlassen haben und eine Rückkehr für sich ausschließen, werden Sie dafür genügend Argumente in diesem Buch finden, die Sie noch einmal in Ihrer Meinung bestärken werden. Für ein Leben auf dem Land ist nicht jeder gemacht, dafür müssen sich Dorfbewohner einfach zu sehr auf ihre Nachbarn, Mitmenschen und deren Lebensmodelle und Traditionen einlassen.

Wenn Sie sich bisher nur in Zeitschriften mit dem idyllischen Leben in der Provinz auseinandergesetzt haben und das wahre Dorfleben entdecken, verstehen und kennenlernen wollen, dann ist dieses Buch genau das richtige. Aber Vorsicht, die Seifenblase vom Leben im Einklang mit der Natur, zurück zum Ursprung, mit Bio-Produkten und ohne Probleme wird schneller platzen, als Ihnen lieb ist. Eines dürfen Sie nämlich niemals vergessen: Das Leben auf dem Land ist hart, sehr hart!

Wenn Sie nach den Vorzügen suchen, die das Dorfleben so einzigartig machen, aber auch die negativen Seiten der dörflichen Abgeschiedenheit kennenlernen wollen, dann werden Sie nach diesem

Buch deutlich mehr Punkte auf Ihre Pro-und-Kontra-Liste setzen können. Vor allem soll dieses Werk aber eines: Sie bestens unterhalten und Ihnen das Leben auf dem Land zeigen, wie Sie es noch nie gesehen haben.

Durch dieses Buch ist mir noch deutlicher geworden, wie speziell, verrückt, gewöhnungsbedürftig, bildend und wundervoll das Leben in einem kleinen Dorf ist. Wenn Sie selbst noch nie in den Genuss gekommen sind, auf dem Land zu leben oder längere Zeit dort zu verbringen, ist diese Niederschrift ein guter Anfang, um in diese komplexe Welt zwischen Kühen, schlechtem Internet, Dorftratsch und Sturköpfen einzutauchen. Wenn Sie selbst auf dem Land groß geworden sind oder noch immer dort leben, werden Sie sicher vieles wiedererkennen und dennoch eine Menge lernen oder mit anderen Augen sehen. Für mich steht eines fest: Einmal Dorfkind, immer Dorfkind! Ohne diese Zeit wäre ich ein anderer Mensch und hätte nie das Wissen gehabt, um dieses wundervolle Buch zu schreiben. Ein solches Thema zu recherchieren ist nahezu unmöglich, es zu leben und dann niederzuschreiben ist dagegen Freude pur.

Kristina vom Dorf

1. KAPITEL

WAS SIE WISSEN MÜSSEN!

WARUM DORF NICHT GLEICH DORF IST

Während der Recherchen für dieses Buch wurde sehr schnell deutlich, wie unterschiedlich das Wort »Dorf« in der Gesellschaft definiert wird. Viele verbinden mit diesem Begriff drei weitere Wörter: Kuh, Natur, Internetprobleme. Ohne Ihnen die Lust am Lesen nehmen zu wollen, mit diesen drei Worten liegen Sie gar nicht so daneben, sollte Sie jemand nach einer Definition fragen. Aber natürlich steckt noch deutlich mehr dahinter.

Der Duden beispielsweise definiert »Dorf« wie folgt: »ländliche Ortschaft, kleinere Siedlung mit oft bäuerlichem Charakter«. In diesem Buch soll unter anderem geklärt werden, wie zeitgemäß diese Definition tatsächlich ist. Stehen noch immer die Kühe und damit der »bäuerliche Charakter« im Vordergrund und was sind kleine Siedlungen? Damit stellt sich vorrangig die Frage, welche Größe und Einwohnerzahl ein Dorf zu einem solchen werden lässt. Es gibt Dörfer mit 20, 100 aber auch 1000 oder mehr Einwohnern. Im Wirtschaftslexikon wird klar unterteilt: Als städtische Siedlungen gelten in Deutschland beispielsweise Gemeinden mit Stadtrecht ab 2.000 und mehr Einwohnern (Landstadt 2.000–5.000 Einwohner). In einer Kleinstadt leben 5.000–20.000 Einwohner, in einer Mittelstadt 20.000–100.000 Einwohner, und eine Großstadt beherbergt mehr als 100.000 Einwohner.[1]

Doch selbst wenn Sie eine Definition für sich gefunden haben, Provinz ist nicht gleich Provinz, und Dorf ist nicht gleich Dorf. Davon abgesehen, dass jedes Dorf seine eigenen Regeln, Bräuche und Sitten hat, haben sich die Dörfer auch verschieden entwickelt. Nicht jeder, der auf dem Land lebt, ist Bauer, brennt seinen Schnaps selbst oder feuert noch mit einem Kamin oder Ofen. Dennoch ist das Leben auf dem Land speziell und anders als in einer Stadt.

So verschieden die Dörfer auch sein mögen, es gibt Parallelen, die sich nicht leugnen lassen, die typisch Dorf sind, und diese werden in diesem Buch aufgezeigt. Es werden Eigenarten, Regeln,

Abläufe, Bräuche und Vorstellungen von Dorfbewohnern kleiner Dörfer in Deutschland (zwischen 500 und 1000 Einwohnern) vorgestellt. Zwischen *Bauer sucht Frau*, dem Aussterben der Dörfer, Traktorenführerschein, Jobsuche und ungeschriebenen Gesetzen, die Sie dringend einhalten sollten, gibt es unzählige Eigenheiten, die die Dorfbewohner und das Leben auf dem Land wertvoll, einzigartig, empfehlenswert und spannend machen. Bevor Sie deshalb spontan über einen Umzug aufs Land nachdenken, sollten Sie dennoch gewarnt sein. Sie werden definitiv dem Dorftratsch zum Opfer fallen. Sie werden anecken, wenn Sie Ihre Wäsche falsch aufhängen, mit Ihrem gepflegten Hochdeutsch für Augenrollen sorgen, und Ihren Wunsch nach etwas Anonymität müssen Sie sofort begraben.

Es gibt genau zwei Möglichkeiten, wie Sie dieses Buch lesen werden: nickend, weil Sie selbst auf dem Dorf leben oder dort groß geworden sind, oder kopfschüttelnd, weil Sie sich nicht vorstellen können, was Sie alles verpasst haben oder nicht wussten, weil Sie eben bisher nicht auf dem Land gelebt haben. Nach der Lektüre dieses Buchs dürften Sie zumindest vorgewarnt und hervorragend gecoacht sein für ein Leben auf dem Dorf.

WIESO SIE BESONDERS GUT SCHLAFEN WERDEN

Jeder kennt die Tipps der Mediziner und Schlafforscher, die uns einen tiefen Schlaf bescheren sollen. Die richtige Matratze, keine elektronischen Geräte im Schlafzimmer, eine warme Milch vor dem Schlafengehen und eine Klammer auf dem Nachttisch für den schnarchenden Gatten. Wenn Sie es dann noch schaffen, mit guten Gedanken ins Bett zu gehen, und nicht über Ihre Arbeit oder Erziehungsprobleme grübeln, müsste es laut der Wissenschaft zügig ins Land der Träume gehen. Leider klappen all diese Ratschläge nur bedingt, der Kopf lässt sich bei den wenigsten Menschen auf Befehl ausschalten.

Wenn Sie auch zu den »Bettflüchtern« gehören, sollten Sie sich eine Nacht auf dem Dorf gönnen. Natürlich ist auch dies keine Garantie für erholsamen Schlaf, aber auf dem Land gibt es einige Voraussetzungen, die es Ihnen zumindest leichter machen könnten. Ganz oben auf der Liste steht dabei natürlich die frische Dorfluft. Lassen Sie das Fenster über Nacht auf und kuscheln Sie sich in eine dicke Bettdecke, der Verkehrslärm wird es auch bei geöffnetem Fenster nicht bis zu Ihnen schaffen. Ein weiterer Vorteil ist nämlich die Tatsache, dass es keine Hauptverkehrsstraßen gibt, keine Züge, keine U- oder S-Bahnen, nichts, nur Ruhe. Die Diskothek oder Bar um die Ecke wird sie ebenfalls nicht mit lauter Tanzmusik oder Gelächter erzürnen, es gibt keine Lokale. Auch der Abstand zu den Nachbarhäusern ist von großem Vorteil, Industrie in direkter Umgebung gibt es nicht.

Das Leben und die Arbeit spielen sich auf dem Dorf fast ausschließlich draußen ab. Egal, ob als Vollzeitbauer oder an Ihrem freien Wochenende, das Haus und der Hof wollen gepflegt, die Tiere versorgt, der Garten bewässert oder die Kinder bespaßt werden. Nach einem körperlich anstrengenden Tag an der frischen Luft werden Sie ganz von allein einschlafen. Kurz gesagt, die frische Dorfluft und die Bewegung an der frischen Luft werden Sie umhauen.

Abgesehen von erholsamen Nächten beschert Ihnen das Leben auf dem Land außerdem einen abgehärteten Körper. Schon 2014 ergab eine Untersuchung des Robert-Koch-Instituts zur Gesundheit Erwachsener in Deutschland , dass Großstädter häufiger unter allergischen Erkrankungen wie Asthma, Heuschnupfen, Neurodermitis oder Nahrungsmittelallergien leiden als Landbewohner. Tatsächlich fanden die Forscher einen Zusammenhang zwischen den genannten Krankheitsbildern und der Größe des Wohnortes heraus. Mindestens einmal im Leben davon betroffen sind laut der

Untersuchung in Gemeinden mit weniger als 5.000 Einwohnern 29 Prozent, in mittelgroßen Städten mit 20.000 bis 100.000 Einwohnern 30 Prozent, in Großstädten 33 Prozent. Allerdings gibt es zwei Theorien der Wissenschaftler, warum das so ist. Einige Experten diskutieren die »Hygiene Hypothese« die besagt, dass die Landmenschen deutlich unempfindlicher für Allergien und Co. sind, weil sie schon seit der Geburt mit Mikroben in Berührung kommen. Vereinfacht gesagt bedeutet das: Der Dreck auf dem Land härtet ab! Andere Forscher vermuten dagegen die Luftverschmutzung in der Stadt als Auslöser und Übeltäter.[2]

Ebenfalls idyllisch können die Geräusche auf dem Dorf sein. Während in der Stadt der Radiowecker losschrillt und erst einmal die schlechten News des Tages rausposaunt, können Sie auf dem Dorf mit dem sanften Zwitschern der Vögel erwachen. Allerdings können die Ruhe und Idylle bereits in den frühen Morgenstunden ein jähes Ende haben, die Schlafräuber heißen Traktor und Hahn. Ein paar Faktoren werden Ihnen das Schlafen oder Ausschlafen auf dem Dorf nämlich vermiesen. Wie Sie im nächsten Text lesen können.

WARUM SIE BESONDERS SCHLECHT SCHLAFEN WERDEN

Für einige mag es idyllisch sein, mit dem fröhlich ausgelassenen Zwitschern der Vögel zu erwachen, andere würden gern die Steinschleuder einsetzen, wenn der gefiederte Freund im Sommer ab spätestens 5 Uhr eine Arie vom Baum pfeift. Es wird Ihnen sicher leichtfallen, auf dem Dorf zu schlafen, aber das Einschlafen und Aufwachen könnte sich als größeres Projekt darstellen. Selbst wenn Sie es schaffen, die Vögel in den Morgenstunden zu überhören, beim Hahn des Nachbarn klappt das sicher nicht.

Das Krähen eines Hahnes macht einem vorbeifahrenden Lkw Konkurrenz, kann mit einem Winkelschleifer oder einer Motorsäge mithalten. Selbst mit etwas Sicherheitsabstand dürfte es Sie also aus dem Schlaf reißen, wenn der Nachbar einen Hühnergarten mit Hahn hat. Falsch ist jedoch die Annahme, dass der Hahn kräht, sobald die Sonne aufgeht. Mittlerweile sind sich Wissenschaftler sicher, dass das Krähen von einer inneren Uhr des Tieres gesteuert wird. Die schlechte Nachricht hierbei ist: Wenn Sie sich auf den Winter freuen, weil die Vögel dann nicht mehr ab 5 Uhr pfeifen, der Hahn wird sie nicht verschonen, zu keiner Zeit im Jahr.[3] Im Allgemeinen gilt dennoch: Geht die Sonne auf, werden die meisten Tiere aktiv. Die Schafe blöken, die Schweine quieken, und die Hunde bellen. Dies machen die treuen Vierbeiner allerdings auch gern in den Abendstunden. Beginnt einer der Nachbarshunde eine Diskussion, lassen sich alle anderen Fellnasen im Dorf auch nicht lange bitten.

Abgesehen von der tierischen Lautstärke gibt es auch noch Fahrzeuge und technische Geräte, die Sie zur Weißglut bringen können. Natürlich stimmt es, dass der Straßenverkehr und andere Fortbewegungsmittel auf dem Land deutlich weniger zu hören sind als in der Stadt, dennoch können Traktoren für den richtigen Geräuschekick am Abend und in den Morgenstunden sorgen. Zur Erntezeit genießen die Bauern mit ihren Treckern sogar eine Ausnahmegenehmigung, dürfen auch an den Wochenenden arbeiten und fahren. Auch wenn Sie ausschlafen wollen, das Dorfleben um Sie herum beginnt jeden Tag, sobald die Sonne den Horizont küsst. Aber keine Angst, Ohrstöpsel helfen auf jeden Fall, die müssten Sie sich dann aber in der nächsten Stadt kaufen.

WIESO ANONYMITÄT EIN FREMDWORT IST

Egal, was Sie außerhalb Ihrer vier Wände tun oder lassen, es steht immer jemand hinter der Gardine. Das ist nicht horrorfilmmäßig gemeint, wahrscheinlich ist es nur Ihre 98-jährige kurzsichtige Nachbarin, die da guckt. Nichts scheint interessanter zu sein als das Leben der anderen. Aber wer sind die üblichen Verdächtigen? Wer zeigt so großes Interesse an Ihren Machenschaften? Schnell fällt einem die alte, unscheinbare Dame von gegenüber, der Ruheständler mit viel Zeit im Nachbarhaus oder das Vorstandspärchen des Seniorenclubs im Nebengebäude ein. Wenn Sie das glauben, machen Sie es sich jedoch zu einfach, denn Neugierige gibt es in jeder Altersgruppe und sozialen Schicht! Nur, weil Sie ihre Nachbarn nicht sehen, heißt das nicht, dass sie nicht da sind.

Es bringt aber auch unendlich viele Vorteile mit sich, wenn Sie Ihre Nachbarn besser kennen. Wenn Sie wissen, mit welchen Anliegen Sie sich an wen wenden können. Auf die Nachbarschaft ist Verlass, wenn Sie sich gut mit den Menschen hinterm Zaun stellen. Der Nachteil ist, wenn Ihr Nachbar etwas Spannendes über Sie herausgefunden hat oder beobachtet, wird es direkt an den nächsten Nachbarn weitergegeben, der Teufelskreis des Dorftratsches beginnt (lesen Sie mehr dazu ab Seite 54). Eben weil sich jeder kennt, findet Ihre Geschichte auch jeder spannend. Wenn Sie dann auch noch neu sind, gnade Ihnen der Gott der Geschwätzigen.

Die absolut falsche Reaktion ist es, sich zu verstecken, zu versuchen, in der Masse unterzutauchen oder dem Nachbarn zu verbieten, »ein Auge auf Sie« zu haben. All diese verzweifelten Versuche machen Sie nur noch attraktiver für die Dorfspione. Geheimnisvoll, einzigartig und mysteriös wollen Sie wirken? Das funktioniert vielleicht in der anonymen Großstadt, auf dem Dorf weht ein rauer Wind, und die Nachbarn möchten wissen, wer direkt neben ihnen wohnt. Je offener Sie damit umgehen, umso besser!

Die fehlende Anonymität hat viele Vor- und Nachteile. Ob Sie sich mit Ihren Tupper-Mädels treffen, der »Club der gleichgeschlechtlichen Liebe« bei Ihnen tagt oder Sie einfach nur Ihren Geburtstag feiern, die Nachbarschaft weiß Bescheid und hat auch ganz sicher eine Meinung dazu. Wenn Sie aber im Urlaub sind und düstere Gestalten um Ihr Haus spazieren, weiß die Nachbarschaft ebenfalls Bescheid und wird nicht einfach wegschauen. Es gibt einfach Dinge, die Sie hinnehmen müssen. Hier ein paar Beispiele:

- jeder weiß, wenn Sie ein neues Auto haben
- jeder weiß, wenn Sie Weihnachten nicht in der Kirche waren
- jeder wird merken und thematisieren, wenn Sie Ihren Partner wechseln/ verlassen/ betrügen
- jeder weiß, ob Sie Ihren Müll vorbildlich trennen und die Exkremente Ihres Hundes beim Gassigehen aufsammeln
- jeder achtet darauf, ob Sie Ihre Weihnachtsdeko, wie es sich gehört, nach dem Totensonntag aufstellen und rechtzeitig wieder abbauen
- jeder hat eine Meinung zu Ihrer Hecke und dem ungepflegten Garten

Und dennoch überwiegt das Positive, denn Sie haben:

- immer einen Ansprechpartner, wenn Sie Werkzeug, Bier, Gewürze oder jemanden zum Leiterhalten brauchen
- immer jemanden, der Ihr Haus im Blick behält, egal ob es durch Einbrecher, Hochwasser, die Ex-Partner oder Feuer in Gefahr ist
- immer jemanden, der Ihre Pakete entgegennimmt
- immer jemanden, der Sie mit dem neusten Klatsch und Tratsch der Nachbarschaft versorgt, mit Ihnen Bier/Sekt trinkt oder am Gartenzaun steht

Der wahrscheinlich größte Vorteil »beim Problem« der fehlenden Anonymität ist die Tatsache, dass Sie sich niemals allein, fremd oder vergessen fühlen müssen. Nicht selten führt die Einsamkeit in den Städten zu psychischen Krankheiten, deutlich häufiger als auf den Dörfern.[4] Schon Karl Talnop sagte: »Die Kälte der Welt liegt in ihrer Anonymität.«[5]

Fazit: Um anonym zu leben, sollten Sie nicht aufs Dorf ziehen, um in einer starken Gemeinschaft zu leben schon. Wenn Sie sich nicht völlig verschließen und absondern, wird Ihnen das Leben auf dem Dorf ein Gefühl der Geborgenheit vermitteln und manchmal eben etwas Platzangst, trotz der großen Grundstücke. Am besten kann dieses widersprüchliche Phänomen so zusammengefasst werden: »Zusammen sind wir stark!«, aber eben auch: »Ich weiß, was du letzten Sommer getan hast.« Es ist das Leben in einer großen Gemeinschaft, die manchmal mehr teilt, als einem lieb ist.

WARUM FAHRRAD, MOPED UND ELTERNTAXI UNENTBEHRLICH SIND

Als Martina an diesem Tag am Frühstückstisch sitzt, brummt ihr Schädel, dabei hat ihr Schultag noch nicht einmal begonnen. Genervt schaut sie aus dem Fenster und stöhnt: »Es schüttet wie aus Eimern, wie soll ich heute zur Schule kommen?« Ihre Mutter fragt: »Warum lässt du das Moped nicht einfach stehen und nimmst den Schulbus?« Martinas Laune wird noch schlechter. So eine bescheuerte Frage, denkt sie. Sie antwortet schroff: »Und wie soll ich nach der Schule in die Stadt kommen? Milena hat heute Geburtstag, ich brauche noch ein Geschenk, und danach möchte ich direkt zu ihr.«

Milena ist ihre beste Freundin aus dem Nachbarort, dieser liegt zehn Kilometer entfernt von der nächstgrößeren Stadt, ihre Schule noch einmal zehn Kilometer in die andere Richtung. »Dann fahr doch mit dem Bus und nimm dein Fahrrad mit, heute Nachmittag soll es nicht mehr regnen«, schaltet sich jetzt auch noch ihre kleine Schwester altklug ins Gespräch ein. »Nein!«, brummt Martinas

Vater. »Du fährst später nicht im Dunkeln mit dem Fahrrad vom Geburtstag zurück.«

Der letzte Bus nach Hause fährt um 18 Uhr, Martina möchte natürlich länger bei der Party bleiben. »Warum wohnen wir eigentlich am Arsch der Welt?«, schreit sie genervt. Martinas Mutter wird ärgerlich: »Sprich nicht so vor deiner kleinen Schwester, wir finden schon eine Lösung.« Nach einer kurzen Bedenkzeit sagt sie weiter: »Du nimmst dein Fahrrad mit zum Schulbus, fährst dann nach der Schule damit in die Stadt und später zu Milena. Ich hole dich dann 22 Uhr mit dem Auto ab, dein Bike schmeißen wir in den Kofferraum.« Ein kleines Lächeln huscht über Martinas Gesicht. »So machen wir es«, ruft sie und macht sich fertig für die Schule.

Ausgerechnet heute muss Martina ihr Geografieprojekt vorstellen, einen selbst gebauten Vulkan. Als sie Richtung Bus aufbricht, kämpft sie mit dem Regenschirm, ihrem Ranzen, dem Fahrrad und dem Riesenvulkan. Von Weitem erkennt sie, dass der Bus schon an der Haltestelle steht, sie beginnt zu rennen. Prompt fährt der Wind in ihren Schirm und klappt diesen um, wütend lässt sie ihn fallen und läuft weiter. Nass, genervt und stinksauer kommt sie am Bus an und quält sich die Stufen nach oben. Sie stellt ihr Fahrrad ab und geht zum Fahrer, um ihr Ticket zu zeigen. Dieser guckt sie mürrisch an und sagt: »Dein Fahrrad hat nichts im Schulbus verloren, du siehst doch, dass die meisten Kinder sogar schon stehen müssen. Das ist eine absolute Ausnahme!« Martina möchte am liebsten losheulen, ihn anschreien oder schütteln, aber sie unterdrückt ihre Wut und sagt: »Danke.«

In der Schule kommt sie durch ihre Freunde und einen Einser-Geografievortrag auf andere Gedanken und bekommt bessere Laune. Leider hält diese nur bis nach dem Unterricht. Als sie mit dem Fahrrad zu ihrer Freundin fahren will, gießt es wieder wie aus Eimern, da hatte sich der Wetterfrosch wohl geirrt. Was für ein schrecklicher Tag, denkt Martina genervt, während sie bei Milena ihre Haare föhnt und ihre Sachen in den Trockner schmeißt.

Die Mobilität in Städten und auf dem Dorf könnte verschiedener nicht sein. Warum Sie ohne einen Führerschein auf dem Dorf aufgeschmissen sind und weshalb der Nahverkehr auf den Dörfern zu wünschen übrig lässt, lesen Sie im nachfolgenden Text.

WIESO SIE OHNE FÜHRERSCHEIN UND AUTO AUFGESCHMISSEN SIND

Auf dem Land fahren weder U- noch S-Bahnen, und der Busverkehr ist mehr als ungenügend. Statt minütlich oder viertelstündlich, wie in den großen Städten, warten Sie auf dem Dorf stundenlang auf die nächste Verbindung. Dementsprechend müssen Sie Ihre Pläne, Treffen und Vorhaben dem Bus anpassen. Verpassen Sie die geplante Linie, verpassen Sie auch ihre Treffen oder dürfen noch eine Stunde länger in der Stadt bleiben. Ab den frühen Abendstunden wird der Busverkehr häufig völlig eingestellt. Für Besorgungen und um Job, Verabredungen, Schule oder Verpflichtungen nachzukommen, müssen die Dorfbewohner jedoch täglich in die nächstgrößeren Städte.

Je kleiner die Dörfer sind, umso schlechter ist die Anbindung. Bei Dörfern mit weniger als 150 Einwohnern fährt selbst der Bus nur als Schulbus, in den Ferien werden die Haltestellen dort gar nicht angefahren.[6] Entweder Sie sind also leidenschaftlicher Wanderer oder Fahrradfahrer, und das bei Wind und Wetter, oder Sie sind angewiesen auf eine Fahrerlaubnis. In Deutschland besitzen 56 Millionen Menschen einen Pkw-Führerschein[7], schwierig wird es allerdings für die minderjährigen Dorfbewohner.

Während die Anzahl der Führerscheinprüfungen in Deutschland weiter stetig sinkt, bleibt die Fahrerlaubnis in der ländlichen Gegend unentbehrlich. Neben dem demografischen Wandel führen Experten die andauernden Rückgänge, vor allem in Städten, auf den gut ausgebauten öffentlichen Nahverkehr zurück.[8] Während die jungen Leute in den Citys deshalb lieber Geld für neue Smartphones ausgeben, bleibt die Dorfjugend auf die Fahrerlaubnis angewiesen, und das nicht erst mit 18. Um schnellstmöglich mobil und unabhängig von den Eltern zu sein, gehört der Mopedführerschein mit 16 zum guten Ton. Die Wege zur Schule, Berufsschule, dem Ausbildungsplatz oder zum Ferienjob sind weit; nicht auf den Nahverkehr angewiesen zu sein ist Gold wert.

Um der Dorfjugend vor allem schulisch und beruflich keinen Nachteil entstehen zu lassen, fordern erste Politiker einen Autoführerschein ab 16 für Jugendliche auf dem Land. Diese Ausnahmeregelung soll ausschließlich für den Weg zur Schule oder Arbeitsstätte dienen, in den USA gibt es bereits vergleichbare Modelle.[9] Eine Umsetzung dieses Vorhabens ist in Deutschland jedoch vorerst nicht vorstellbar: »In Deutschland gilt das Gleichbehandlungsgebot, entsprechend wäre es juristisch niemals durchsetzbar, die Führerschein-Erlaubnis nach Wohnorten zu erteilen«[10], erklärt Ulf Evert vom ADAC-Landesverband.

Doch nicht nur die Jugendlichen und Kinder sind auf Elterntaxis und Co. angewiesen. Auch die Erwachsenen benötigen für die einfachsten Dinge ein Auto. Egal, ob zum Einkaufen, Training im Verein oder einfach nur zum Dönerholen, wer nicht Fahrrad fahren will, braucht einen Führerschein. Das ganze Ausmaß lesen Sie unter dem Punkt: »Warum Sie nicht mal schnell noch etwas einkaufen« können.

WIE SICH DAS LANDLEBEN VERÄNDERT HAT

Bereits 1952 wurde die Sorge um die Dörfer durch die Landflucht im Nachkriegsdeutschland laut. Deshalb dokumentieren Wissenschaftler seit dieser Zeit ihre Untersuchung »Ländliche Lebensverhältnisse im Wandel«. Es werden zehn Orte im Abstand von 20 Jahren ausgewertet, seit 1993 wurden auch vier ostdeutsche Orte in die Studie aufgenommen. Seit Beginn der Untersuchungen haben sich die Dörfer in den Bereichen wie Technik, Politik, Wirtschaft und auch im Sozialen extrem verändert. Vor allem der demografische Wandel, die wirtschaftlichen Probleme und die Daseinsvorsorge bereiten Kopfzerbrechen. Nach 60 Jahren lassen sich aus den Aufzeichnungen nun interessante Fakten zum Wandel des Landlebens nachlesen und analysieren.

DIE ZUFRIEDENHEIT AUF DEM LAND

Die Zufriedenheit der Menschen in den unterschiedlichen Dörfern ist laut der Studie ungebrochen. Rund 90 Prozent der Befragten sind mit ihrer Wohn- und Lebenssituation zufrieden. Diese Zufriedenheit wird vor allem auf das gemeinschaftliche Engagement der Einwohner zurückgeführt. Eine große funktionierende Gemeinschaft gibt den Bewohnern ein gutes Gefühl. Zu den größten Kritikpunkten am Landleben zählen die fehlenden Einkaufsmöglichkeiten, die immer weniger werdende medizinische Versorgung und die fehlenden Freizeitangebote. Um die Dorfbewohner bei Laune und den Zufriedenheitswert hoch zu halten, stehen die Dörfer deshalb vor einer großen Herausforderung. Die Bevölkerung braucht Perspektiven (Arbeitsplätze) und muss sich vernetzen können (Freizeitmöglichkeiten), um sich weiter wohlzufühlen.

GROSSE UNTERSCHIEDE ZWISCHEN DEN VERGLEICHSDÖRFERN

Besonders auffällig ist, dass sich die analysierten Orte in völlig verschiedene Richtungen entwickelt haben. Während es in einigen

Ortschaften noch Lebensmittelläden und ein aktives Dorfleben gibt, sind andere nahezu verwaist. Diese Unterschiede können laut der Studie nicht auf einzelne Faktoren zurückgeführt werden. Eine große Rolle soll jedoch die Entwicklungsanstrengung vor Ort spielen. Wenn die örtlichen Entscheidungsträger rechtzeitig und mit Nachdruck staatliche Unterstützungsprogramme nutzen, kommt dies dem Dorf zugute. Faktoren wie die Verkehrsanbindung oder die demografische und wirtschaftliche Entwicklung sind nicht zu beeinflussen, das Engagement der Einwohner, Politik und Entscheidungsträger allerdings schon. Umso schöner ist es, dass die Studie zeigt, dass frühere Problem- und Rückstandsdörfer mittlerweile den Absprung und Wandel geschafft haben und die früheren Zustände nur noch belächeln können.[11]

Eine Studie klingt immer nach harten Fakten, aber natürlich steht auch beim Thema Veränderung des Landlebens der Mensch im Vordergrund. Oftmals ist das Früher, von dem gesprochen wird, noch keine 60 Jahre her, und dennoch scheint es eine völlig andere Zeit, nahezu eine andere Welt, gewesen zu sein. Ein Gespräch mit den Großeltern offenbart oft Lebensbedingungen auf dem Land, die sich die heutige Jugend gar nicht mehr vorstellen kann. In der Erinnerung der Alten leben die Geschichten allerdings weiter.

Damals wurde das Dorfleben noch deutlich mehr von der bäuerlichen Arbeit geprägt als heute. Es gab unzählige kleine landwirtschaftliche Betriebe, und die täglichen und jahreszeitlichen Abläufe wurden durch das Zusammenleben und die Arbeit bestimmt. Die bäuerliche Welt ist geprägt durch feste Stallzeiten, die Feld- und Erntearbeit gibt den Tagesablauf vor und beeinflusst damit das komplette (Familien-) Leben der Bauern. Ohne große Technik wurde noch traditionell gearbeitet, viele Arbeitsprozesse dauerten dadurch deutlich länger als heute, und immense körperliche Anstrengung war vonnöten. Das Leben auf dem Land war bescheiden und von der Kirche geprägt.

Eine ganz besondere Rolle spielten zu dieser Zeit die Tiere. Das Zusammenleben zwischen Mensch und Tier war deutlich enger als heute. Tiere waren die Quelle des Lebensunterhaltes und Nutztiere, sie gehörten quasi zur Familie. Schon anhand der damaligen Aufteilung der Häuser wird diese Nähe offensichtlich. Direkt neben der Eingangstür zum Wohnhaus war die Stalltür. Alle lebten so Tür an Tür zusammen unter einem Dach. Oftmals waren die Ställe nur durch eine Tür vom Wohnbereich getrennt. Dementsprechend zogen nicht selten Stallgerüche durch das Wohnzimmer.

Der Rossknecht schlief oft direkt im Pferdestall. Sie machen sich keine Vorstellung davon, wie warm es im Winter auch in einem Kuhstall sein kann. So warm, dass Sie ihre Kinder dort baden können. Würden Sie nicht? Damals war es gang und gäbe. Der Stall wurde auch als Arbeitsplatz zum Flechten oder Reisighacken genutzt, im Winter war es dort einfach am wärmsten.

So groß die Liebe der Bauern zu den Tieren auch ist, in erster Linie werden diese als Nutztiere gesehen. Der heutige Schmusekater ist eigentlich da, um Haus und Hof von Mäusen zu befreien. Der treue Vierbeiner, der mittlerweile sogar in den Handtaschen seiner Besitzerinnen verschwindet, diente als Wachhund. Die Hühner sind für die Eier da, und die Gänse geben einen herrlichen Braten. Ihre Federn wurden außerdem für die Kopfkissen genutzt. Es gab Bienen für den Honig und Stallhasen für den Teller. Die Tiere waren Kapital, Nahrung und Mitbewohner zugleich, der Bauer war auf sie angewiesen, und so wurden sie auch mit genügend Respekt behandelt.[12]

Natürlich gibt es auch heute auf den Dörfern noch Bauernhöfe, die noch so oder zumindest so ähnlich funktionieren, dies ist jedoch die Ausnahme. Kleine landwirtschaftliche Betriebe haben es heute besonders schwer, allein von ihrem Bauernhof zu leben, die Zeiten und das Landleben haben sich geändert. Mittlerweile ist nicht mehr nahezu jeder Bewohner des Dorfes Bauer oder Landwirt.

WARUM DIE DÖRFER AUSSTERBEN

Während die Wohnräume in den Großstädten immer teurer werden, entwickelt sich der Trend auf den Dörfern in eine andere bedenkliche Richtung: Die Dörfer sterben nach und nach aus. Nicht nur ansässige Lebensmittelläden, Firmen oder Geschäfte schließen, in den Provinzen verlassen vor allem die jungen Menschen ihre Heimat, um in benachbarten Städten zu leben. Ein scheinbar unaufhaltsamer Trend.

In den 50er-Jahren war die Stadt- und Landbevölkerung noch 50:50 aufgeteilt, bereits 2012 lebten jedoch 75 Prozent der Deutschen in Städten. Von bundesweit 665 Städten mit mehr als 20.000 Einwohnern wachsen 424 nur deshalb, weil sie Menschen aus dem Umland aufnehmen.[13]

Die jungen Dörfler ziehen in die Städte, gehen dort ihrer Ausbildung nach, arbeiten und leben. Einfach an der nächsten Ecke einen Döner essen, die Postfiliale oder Arbeitsstelle direkt in der Innenstadt, all diese Dinge kann das Dorfleben nicht mehr bieten. Befindet sich eine Ortschaft weiter als 45 Minuten entfernt von einer großen Stadt, einem Industriegebiet oder einem Verkehrsknotenpunkt, bleiben meist nur verfallene Häuser, alte Menschen und wenige Einwohner zurück.

Während die Metropolen einen wahren Boom erleben, werden in manchen Dörfern die Wohnungen überflüssig. Fitnessstudios, Ärzte, Cafés, Kinos und Treffpunkte suchen die jungen Menschen in den Dörfern vergeblich. Preiswerte Grundstücke und niedrige Arbeitslosenzahlen können diese Entwicklung in den ländlichen Gegenden nicht stoppen.

Einer der Hauptgründe für das Sterben der Provinzen ist die Tatsache, dass sich das Rollenbild des Dorfes komplett geändert hat. Früher haben die Landwirte Lebensmittel produziert und damit die Städte versorgt. Es gab Handwerksbetriebe und verarbeitendes Gewerbe, damit auch Arbeitsplätze im Herzen des Dorfes. Eine völlig andere Situation gab es ab der zweiten Hälfte des 20. Jahrhunderts. Nach dem Zweiten Weltkrieg wanderte ein Großteil der Bevölkerung in die Städte ab. Auch die Landwirtschaft erlebte einen großen Wandel. Technische Neuerungen sorgten zwar für mehr Produktivität, bescherten jedoch auch weniger Arbeitsplätze. Große Betriebe zwangen kleinere in die Knie. War um das Jahr 1800 Bauer mit 80 Prozent noch der häufigste Beruf, arbeiten heute weniger als drei Prozent aller Erwerbstätigen in Forst- und Landwirtschaft. Die Zeiten ändern sich, und ohne Landwirtschaft kein funktionierendes Dorfleben.

In den 60er- und 70er-Jahren war es richtig angesagt, zurück aufs Dorf zu gehen. Jedoch sollten es dabei die Dörfer am Rande der Städte sein, in den abgelegenen Dörfern wollte keiner mehr leben. Auch diese Entwicklung konnte den Verfall der Provinzen deshalb nicht stoppen. Die Arbeitsplätze verlagerten sich in die Städte, es wurden immer mehr Supermärkte außerhalb von Dörfern auf grünen Wiesen errichtet. Für alle betroffenen Dörfer hat dies noch heute die gleichen Folgen:

- die Infrastruktur der Orte wird nicht mehr genutzt
- Läden, Gastronomie, Postfilialen, Ärzte, nichts kann sich halten
- die Landwirtschaft verschwindet zusehends
- leer stehende Schulen und Kindergärten
- keine neuen Zuzüge
- nur die alte Bevölkerung bleibt
- keine attraktiven Arbeitsplätze in der Nähe

Neben Initiativen von Dörflern ist vor allem die Politik gefragt. Während sich ein Teil der Politiker des Problems annimmt und an Konzepten zum Erhalt der Dörfer bastelt, sprechen andere davon, ganze Orte einfach aufgeben zu wollen.[14]

Auch eine Vielzahl von sozial-demografischen Studien zeigt dem Landleben eine düstere Zukunft auf. Bis 2030 wird die Einwohnerzahl Deutschlands um mehr als eine halbe Million schrumpfen.

Dabei sollen die Städte eher wachsen, während sich der ländliche Raum weiter ausdünnt. Trotz erwarteter hoher Zuwanderungen in Deutschland wird der Bevölkerungsrückgang in Deutschland nicht aufzuhalten sein und vor allem die ländlichen Gegenden schwer treffen.[15]

WIESO DEM LANDLEBEN DIE ZUKUNFT GEHÖREN KÖNNTE

Während es im letzten Text noch um das Aussterben der Dörfer ging, ist hier plötzlich von einer blumigen Zukunft des Landlebens die Rede. Ein Widerspruch? Nicht unbedingt, denn die Dörfer entwickeln sich völlig unterschiedlich, und vor allem die Unterstützung durch Politik und den Menschen vor Ort macht den entscheidenden Unterschied.

Nicht selten werden die Menschen auf dem Land als die »Abgehängten« oder »Zurückgebliebenen« bezeichnet, natürlich von denen, die ihr Dorf verlassen haben oder sich ein Leben dort nicht vorstellen können. Die Angst der deutschen Bevölkerung vor einer kompletten Abspaltung von Dorf und Stadt ist mittlerweile genauso groß wie vor der Schere aus Arm und Reich. Probleme haben definitiv beide Lebensmodelle.

Während es in den Städten kaum bezahlbare Wohnungen oder Grundstücke gibt, hält auf dem Land kein Bus mehr, und die Schulen sind in den Nachbarstädten. Plötzlich scheint dennoch der jahrzehntelange Trend der Landflucht gestoppt werden zu können. Erlebt das Landleben wirklich ein dauerhaftes Comeback?

Seit 20 Jahren ist erstmals die Differenz aus Zu- und Fortzügen in den sieben größten Städten negativ. Es verlassen mehr Menschen die Städte, als dazukommen. Die Chance auf ein Ende der Urbanisierung und das Comeback der Dörfer sehen Experten in ökonomischen, technologischen und globalen Gegebenheiten. Nach den USA ist Deutschland das attraktivste Einwanderungsland der Erde. Die globale Migration wird in Europa auch in den nächsten Jahren weiter zunehmen. Die Zuwanderer werden in ihrer neuen Heimat wohnen, arbeiten und dauerhaft leben. Durch Wohnsitzauflagen steht den Kommunen ein neues, bisher wenig genutztes Instrument der demografischen Steuerung zu. Damit könnten die Zuwanderer auch für kleine Dörfer eine Chance sein.

Durch die Abwanderungen vom Land der letzten Jahrzehnte spricht auch ökologisch einiges für ein Comeback der Dörfer. Es gibt zahlreiche freie Stellen, die junge Familien zurück aufs Land ziehen könnten. Selbst Weltmarktfirmen sitzen in Provinzen. Die Beschäftigung im ländlichen Raum ist deutlich stabiler, die Zahl der Arbeitslosen gering.

Auch aus finanzieller Sicht könnte das Landleben die Großstädte zukünftig einholen. Bereits heute können sich immer weniger Menschen eine Wohnung in der Stadt leisten. Der Wohnbedarf in Großstädten wird sich in der Zukunft nur noch zur Hälfte decken lassen, Forscher warnen mit Nachdruck vor einer Wohnungsnot.

In ganz Europa hat Deutschland die schlechteste Wohnraumförderung, eine gefährliche Entwicklung. Hohe Mieten bedeuten, dass die Menschen an anderen Stellen sparen müssen, so gilt laut Berechnung des »Institutes für deutsche Wirtschaft« bereits heute jeder fünfte Bewohner als kaufkraftarm. Gerade bei den Mieten ist der Vergleich zwischen Stadt und Land drastisch. Geben in den Großstädten die Mieter bis zu 45 Prozent ihres Einkommens für ihr Zuhause aus, sind es auf dem Dorf oft nur 10 Prozent des monatlichen Verdienstes. Auch deshalb konzentriert sich die Armut zunehmend auf die Metropolen und Ballungsgebiete.

Dennoch ist das Aussterben der Dörfer in den Köpfen der Menschen. Fakt ist: Dem ländlichen Raum kann die Zukunft gehören, es weiß in Deutschland nur noch keiner. Die Politik muss die ländlichen Räume weiterhin attraktiver machen, sie aufwerten und so für eine erfolgreiche Zukunft sorgen. Voraussetzungen dafür sind vor allem eine bessere Infrastruktur und die Verbesserung der Anbindungen an ländliche Regionen und Kleinstädte. Die Lösung heißt für viele Experten und Politiker: Digitalisierung.

Schnelles Internet ermöglicht auch in den ländlichen Gegenden das Arbeiten von zu Hause, es lässt sich so theoretisch überall arbeiten und produzieren. Das vernetzte Fahren soll dafür sorgen, dass das Pendeln und lange Wegstrecken in Zukunft zum Auslaufmodell werden. Doch all diese Dinge sind im Moment noch Wunschdenken und Zukunftsmusik. Um vor allem die ländlichen Regionen derart zu vernetzen, zu unterstützen und nach vorn zu bringen, bedarf es einer Menge Arbeit der Politik. Konzepte und Ideen gibt es bereits genug, die Umsetzung steht jedoch meist auf einem anderen Blatt.

Auch der Ärztemangel auf den Dörfern soll mithilfe des Internets abgeschafft werden, Online-Ärzte heißt das Zauberwort. So sollen Patienten zukünftig auch über Telefon oder online behandelt werden, die Rezepte kommen per E-Mail. So könnten vor allem lange Wegstrecken und Wartezeiten vermieden und das Gesundheitssystem entlastet werden.[16]

Auch der soziale Aspekt und der Wunsch nach mehr Lebensqualität und Ruhe wird die Menschen weiterhin aus den Städten auf das Land ziehen. Vor allem junge Familien wollen wieder zurück in die Natur und genießen den Zusammenhalt und die menschliche Wärme in den ländlichen Regionen. Doch bei allen Fakten, die dafürsprechen, dass es ein Comeback für die Dörfer geben wird, muss ganz klar in Regionen unterteilt werden. Berlin, Leipzig und Dresden sind für viele Westdeutsche besonders attraktiv, es entstehen neue Wohngebiete und vor allem Einfamilienhäuser. Die Stadtfamilien wollen aufs Land, aber eben nur in die Nähe von attraktiven Städten. Studenten und andere junge Menschen dagegen zieht es weiterhin direkt in die Städte, dadurch bleibt ein Minus auf dem Land.[17] Vor allem Dörfer ohne wirtschaftlich starke und florierende Städte in direkter Umgebung werden es auch in Zukunft schwer haben. Genau in solchen Regionen drängen Kommissionen des Landtages auf eine Grundversorgung mit speziellen Einrichtungen, um den Weggang der Bevölkerung zu stoppen.

Trotz des erwarteten Bevölkerungsrückgangs in ganz Deutschland sollen nach dem Willen der Landtagskommission Krankenhäuser erhalten bleiben, auch in kleinen Städten. Für die Dörfer fordert die Kommission, eine Versorgung durch Ärzte und Hebammen sicherzustellen. Im Fokus stehen auch die Schulen, diese sollen vor allem in den ländlichen Gegenden erhalten bleiben, sofern es sie überhaupt noch gibt. Durch die Förderung von Land und Bund soll ein flächendeckendes und leistungsfähiges Internet aufgebaut werden. Die Lücken im Mobilfunknetz gilt es zu schließen. Die Kommission empfiehlt außerdem die Ansiedlung innovativer Unternehmen in ländlichen Regionen.[18] Doch auch diese Ideen sind nur Empfehlungen an die Regierung. Eine Umsetzung ist deutlich schwerer zu realisieren als der Entwurf der Konzepte.

2. KAPITEL

AUFWACHSEN AUF DEM DORF

WARUM DIE KIRCHENGLOCKE UNENTBEHRLICH IST

Wer auf dem Dorf lebt, sollte sich an gewisse Regeln halten. Diese Richtlinien sind aber nirgends niedergeschrieben, werden als Empfehlungen oder Tipps gehandelt. Wer aber nicht negativ auffallen, einen respektvollen Umgang pflegen und sich ein Stück weit anpassen möchte, sollte diese »freiwilligen Vorschriften« beherzigen. So wissen zum Beispiel Mütter und Hausfrauen, dass Wäsche aufhängen nicht gleich Wäsche aufhängen ist. Auf dem Land trocknet die Wäsche noch vor der Tür, im Garten oder auf einem eigens dafür vorgesehenen Wäscheplatz. Das funktioniert hervorragend, wenn Sie in europäischen Breiten leben. Der einzige Nachteil: Der Nachbar kann Ihnen auf den Schlüpfer schauen. Genau aus diesem Grund gibt es »freiwillige Vorschriften«, wie Ihre Wäsche zu hängen hat. Natürlich geordnet, die Hosen fühlen sich nur nebeneinander wohl, danach die T-Shirts und Socken, Unterwäsche abgewandt vom Nachbarn. Wer zwischen den Feiertagen Bettlaken wäscht und aufhängt, holt sich den Teufel ins Haus und wahrscheinlich in das der Nachbarn gleich mit. Warum sollte es diese Regel sonst geben?! Anders ist es auch nicht zu erklären, dass sich solche Richtlinien bereits über Jahrzehnte halten.

Ein Handwerker oder Familienvater dagegen weiß, dass es das Sechse- oder Feierabendbier eben erst ab 18 Uhr gibt. Vorher sollte sich zumindest keiner mit der Bierflasche in der Hand erwischen lassen. Es sei denn, es ist Wochenende, ein Feiertag, Frühschoppen, ein Geburtstag, der Nachbar kommt vorbei oder das Wetter ist wirklich besonders gut oder schlecht oder die Arbeit ist bereits früher getan, dann tritt diese Regel außer Kraft. Sie sehen schon, da kommt keiner mit. So hat jedes Dorf seine ganz eigenen ungeschriebenen Gesetze, und diese machen auch vor den Kleinsten nicht halt.

Für Kinder gibt es zwei »freiwillige Vorschriften«, die sie bereits mit der Muttermilch aufsaugen: Wenn die Kirchenglocken 18 Uhr

läuten, geht es auf direktem Wege nach Hause, egal, wo du gerade bist. Die zweite Regel ist auf den ersten Blick deutlich verständlicher: Pinkle niemals an den Weidezaun! Die Sache mit dem Elektrozaun erledigt sich meist bei näherem Erklären oder spätestens, wenn es der Schwächste in der Kindergang ausprobieren muss.

»Kirchenglocken« klingen erst einmal unspektakulär, aber sie genießen ein besonderes Ansehen und großen Respekt auf dem Dorf. Doch gerade kleinen Kindern können sie großen Ärger einbringen.

Früher, bevor es Telefone und Radios gab, läuteten die Glocken auch bei drohenden Gefahren wie Unwetter oder Feuer.[19] Diese Zeiten sind zwar vorbei, doch gerade auf den Dörfern achten die Menschen noch heute besonders auf das Geläut der Dorfkirche und der damit verbundenen Bedeutung hinter den verschiedenen Melodien und Schlägen. Zum einen werden durch die Glocken verschiedene Ereignisse wie Gottesdienst, Hochzeit oder Beerdigungen verkündet, zum anderen wird natürlich die Uhrzeit benannt. Und genau dort kommen die Dorfkinder ins Spiel.

Schlagen die Kirchenglocken sechs Mal und verkünden damit die Uhrzeit 18 Uhr, sollten sich alle Kinder schnellstmöglich auf den Nachhauseweg machen. Ein weiteres ungeschriebenes Gesetz lautet nämlich: »Komm sofort nach Hause, wenn die Glocke sechs Mal schlägt.« Im Winter tritt diese Regel allerdings außer Kraft, um 18 Uhr ist es dann schon stockdunkel. Aber das Dorf wäre nicht das Dorf, wenn es dafür nicht auch eine Lösung gäbe. »Komm nach Hause, bevor es dunkel wird«, lautet die Winterregel, und ob Sie es glauben oder nicht, es funktioniert! Dorfkinder kennen die Regeln und halten sich daran, seit vielen Jahrzehnten.

WARUM IHRE KINDER MIT FANTASIE STATT PLAYSTATION AUFWACHSEN

Natürlich ändern sich auch in der Provinz die Zeiten. Mussten die Kinder früher stundenlang beim Heuwenden, Holzmachen und der Ernte auf dem Feld helfen, genießen die Nachwuchsbauern von heute eine entspanntere Kindheit. Dennoch ist es auf dem Dorf auch für die Kleinsten Pflicht, sich einzubringen, mitzuhelfen und zu unterstützen. Doch dazwischen bleibt Zeit für die schönen Dinge im Leben, und für die Dorfkinder bedeutet dies: raus in die Natur.

Es liegt nicht etwa daran, dass es in den nächstgrößeren Städten keine PlayStation, Gameboys oder Smartphones zu kaufen gibt, natürlich könnten die Eltern diese Sachen besorgen, aber es passt nicht in die Natur der Dorfkinder. An der frischen Luft zu spielen, bei Wind und Wetter, das lässt ihre Herzen höherschlagen. Im Frühling sind sie in Wald und Wiesen unterwegs, im Sommer geht es mit dem Fahrrad ins Freibad, im Herbst lassen sie die Drachen auf dem Feld steigen, und der Winter ist fest dem Rodeln oder Schlittschuhlaufen auf dem Dorfteich verschrieben. Da bleibt natürlich kaum Zeit, sich vor die Glotze zu hängen oder in der Wohnung rumzugammeln. Aber das Bemerkenswerte ist, dass Dorfkinder für all diese Dinge kaum Spielzeug oder Zubehör benötigen, es reicht ihre Fantasie, die sie scheinbar mit der Dorfluft eingesogen haben.

So werden große Bäume zu Dinosauriern, auf denen durch das ganze Land geritten wird, in Höhlen und Baumhäusern werden Fantasie-Menüs für die ganze Familie gekocht, dafür braucht es nichts außer alter Töpfe, Wasser und Dreck. Garniert wird mit allem, was die Natur hergibt, so gut ausgestattet sind nicht mal Sterneköche. Wasser spielt dabei nicht nur in der Schlammküche eine ganz besondere und anziehende Rolle. Am Bach oder Teich spielen bietet 1000 verschiedene Möglichkeiten, um kreativ zu werden und die Lust nach Abenteuern zu stillen. Wer handwerklich begabt ist, baut ein eigenes Floß und entert den Dorfteich. Das Holz dafür wird im Wald gesammelt, das Werkzeug bei den Eltern geklaut. Für alle seekranken Dorfpiraten bleibt noch die Möglichkeit, mit Staudämmen die Nachbarn zu ärgern. Mit dem selbst geschnitzten Pfeil und Bogen wird über die Felder gejagt, und mit kleinen Schachteln werden Wühlmäuse gefangen.

Außerdem bieten sich großartige Möglichkeiten durch den engen Zusammenhalt mit den Nachbarn. Bei Pferdewirt Holger reiten gehen? Bei Bauer Wilhelm mit dem Traktor fahren? Zusammen mit den Nachbarskindern auf den Sportplatz gehen zum Bolzen? Am Abend zum Geschichtenerzählen am Lagerfeuer treffen oder an heißen Sommertagen bei Nachbar Egbert in den Pool springen? All das bringt die große Dorfgemeinschaft mit sich, ohne Bitten und Betteln, einfach weil es ein Geben und Nehmen ist, und das fängt bereits in den Kinderschuhen an.

Jedoch wachsen weltweit immer weniger Kinder in ländlichen Gegenden auf, und laut dem Jugendreport Natur verbringen sie einen Großteil ihrer Zeit in geschlossenen Räumen.[20] Das heißt keine Strohballen zum Klettern, keine Nähe zu Tieren und den Nachbarskindern, keine Felder und Wälder und keine Naturbegegnungen – am meisten leiden dabei leider die Fantasie und das Gefühl der Freiheit. Auch deshalb sollten Sie es als Luxus sehen, wenn Ihre Kinder auf dem Dorf großwerden dürfen.

DARUM SIND DORFKINDER KLEINE BIOLOGEN

Wer auf dem Dorf aufwächst, kennt sich gut mit Pflanzen und Tieren aus. Die Tatsache, dass Dorfkinder die meiste Zeit in Feldern und Wäldern verbringen, bildet sie. Zusammen mit ihren Eltern und Großeltern lernen sie schon früh, was die Natur hergibt. Sie machen sich keine Vorstellung davon, was sie alles essen, nutzen oder ausprobieren können.

Ganz oben auf der Gourmet-Liste stehen natürlich Wald- und Wiesenpilze. Auf dem Dorf ist es völlig normal, die Pilze selbst zu suchen, schon die Kleinsten helfen dabei und erfahren so, welche genießbar sind und welche definitiv nicht in den Korb gehören. Genauso ist es mit Kräutern. Durch die Eltern und Großeltern lernen die Kids, dass sie Sauerampfer essen können, dass die Blüte der Taubnessel ganz süß schmeckt, dass Hagebutten und Lindenblüten einen hervorragenden Tee geben und wilde Beeren an jeder Ecke zu finden sind. Sie entdecken, wie sie Schneidegras (Rasen-Schmiele) zwischen ihren Fingern zum Vibrieren und lauten Quietschen bringen können. Wenn Sie mal wieder den Geburtstag der Mama vergessen haben, bringt ein Wildblumenstrauß die Augen des Geburtstagskindes ganz sicher zum Strahlen. Wenn der Strauß dann so sehr stinkt, dass er nur im Freien bewundert werden kann, lernen die Kinder auch, welche Blumen für die Wohnung ungeeignet sind und welche Schnappatmung bei Papa auslösen.

Es ist unmöglich, ein besseres Gespür für Tiere zu bekommen als auf dem Dorf. Dorfkinder werden nicht nur mit Weiden voller Kühe und Schafe groß, sie entdecken die Tierwelt hautnah. Haben Sie schon einmal versucht, Frösche großzuziehen? Nein? Dann sollten Sie das dringend nachholen. Die Dorfteiche sind voll von Kaulquappen, diesen bei der Entwicklung bis hin zum ausgewachsenen Frosch zuzuschauen, ist ein echtes Highlight für die Dorfkinder. Dafür werden ganze Badewannen mit Luxusausstattung zum Wohnraum der Amphibien. Wer zum Angeln an die Teiche geht, trifft außerdem Wasserflöhe an, diese eignen sich hervorragend als Futter für die Goldfische zu Hause. All dieses Wissen wird spielerisch vermittelt, weil es einfach im Alltag eingebunden wird. Natürlich lernen Kinder viele dieser Dinge, zum Beispiel die Baum- und Vogelarten, auch später in der Schule, aber auf dem Dorf sehen sie diese nicht nur auf Bildern, sondern erleben sie vor dem Fenster.

WIE IHNEN DIE NACHBARN BEI DER ERZIEHUNG HELFEN

Als Kristina an diesem Nachmittag in den Schulbus steigt, ist ihr nicht bewusst, was dieser Tag mit sich bringen wird. Den Unterricht hat sie hinter sich, und es wartet ein toller freier Sommertag auf sie und ihre Freunde. »Wir sollten heute noch mit den Fahrrädern zum Schwimmbad fahren«, sagt sie bestens gelaunt zu ihrer Freundin Katrin. Die beiden sind sieben Jahre alt, beste Freundinnen und fast Nachbarn.

Der eine oder andere Bewohner ihres Dorfes würde Kristina vielleicht als Raubsau (Wildfang), äußerst extrovertiert oder, wenn er es gut mit ihr meint, als lebhaft bezeichnen. Ihre Eltern würden diese Eigenschaften ganz sicher unterschreiben. Während Katrin ganz begeistert vom Schwimmbadbesuch ist, nervt der freche Tim von einem der hinteren Plätze des Busses: »Ihr solltet lieber nicht ins Bad gehen, so wie ihr ausseht!« Kristina konnte Tim noch nie leiden und pöbelt genervt zurück.

An jedem anderen Tag wäre es bei einem Wortgefecht geblieben, aber heute läuft das Fass aus irgendeinem Grund über. Ihrer Familie und Freunden gegenüber hat Kristina einen ausgeprägten Beschützerinstinkt. Dieser wird herausgefordert, als Tim beim Verlassen des Busses wieder mit Schimpftiraden auf ihre Freundin Katrin losgeht.

Eigentlich will Kristina ihm nur beim schnellen Verlassen des Busses an der Haltestelle behilflich sein und tritt ihm gegen den Ranzen. »Hau endlich ab«, schreit sie ihm noch hinterher. Dumm nur, dass sich Tim ausgerechnet in diesem Moment auf der letzten Stufe der Treppe umdreht. Jetzt läuft alles wie in Zeitlupe ab. Kristina sieht ihren Fuß Richtung Tim fliegen, stoppen kann sie ihn jetzt nicht mehr. Die gute Nachricht ist: Der Ranzen hat nichts abbekommen! Das Gesicht vom fiesen Tim leider schon, er hält einen Zahn in der Hand und schimpft: »Spinnst du? Du hast mir einen Zahn ausgetreten!« In diesem Moment schließt sich zum Glück die Tür des Busses. Kristina und Katrin sind im Bus, Tim und sein Zahn stehen geschockt davor. Aus dem schönen sonnigen Tag voller Möglichkeiten ist ein echt schlechter Tag geworden, wie soll sie das nur ihren Eltern erklären?

Zu Hause angekommen, stochert Kristina appetitlos in ihrem Mittagessen, ihr ist übel, sie hat ein schlechtes Gewissen, sie schämt sich und muss es dennoch ihren Eltern sagen. Im Moment bekommt sie die Story einfach nicht über die Lippen, sie ist selbst noch zu geschockt. Nach dem Mittagessen läuft sie mit ihrer Mutter Bärbel zum Bäcker. Vielleicht der richtige Moment, um etwas zu sagen, denkt sie ängstlich.

Beim Bäcker angekommen, treffen die beiden den Bürgermeister, aber Kristina kann die ganze Zeit nur an den Vorfall und ihr Geständnis denken. Was ist, wenn Tim zu Hause petzt und seine Eltern bei uns anrufen, denkt sie mit einem Kloß im Hals. Auf den freundlichen Bürgermeister kann sie sich jetzt wirklich nicht konzentrieren. Plötzlich fragt dieser jedoch: »Na, wer hat denn heute dem kleinen Tim einen Zahn ausgetreten?« Seine Worte schneiden sich wie Messer durch die süße Luft im Bäckerladen. Der Kloß in Kristinas Hals scheint gerade nach oben zu wandern. Sie ringt nach Luft und Fassung und antwortet mit knallrot angelaufenem Gesicht: »Das war ich!«

Den Blick ihrer Mutter wird sie nie wieder vergessen, und ab diesem Tag wird sie den Bürgermeister immer als Petze sehen. Nun ist es raus, die Bombe ist geplatzt, viel lieber hätte sie es ihren Eltern selbst gesagt, aber nichts ist so schnell wie der Dorftratsch. Die gute Nachricht des Bürgermeisters ist, dass es sich um einen wackelnden Milchzahn handelt, den Kristina netterweise gezogen hat. »Der kleine Tim hat zu Hause auch nichts erzählt, er hat sich geschämt, dass es ein Mädchen war«, hört sie ihn noch sagen und denkt: Dann bist du wirklich die einzige Petze hier.

Der Zahn von Tim ist nachgewachsen, und mittlerweile kann jeder über die Geschichte lachen. Sie ist aber ein Beispiel dafür, wie gut die eigenen Kinder auf dem Dorf überwacht werden, ganz ohne Handyortung, Kamera und Hausarrest – am Ende landet alles bei den Eltern.

WARUM VIER AUGEN MEHR SEHEN ALS ZWEI

Immer mehr Kinder und Jugendliche leiden unter sogenannten »Helikopter-Eltern«. Wie der Name schon verrät, sind damit Erziehungsberechtigte gemeint, die jeden Schritt ihrer Kinder überwachen, allgegenwärtig sind und sich wirklich in alles einmischen. Mittlerweile steht dieser Begriff für übervorsorgliche Eltern sogar im Duden, gleich darunter hätte das Wort »Helikopter-Nachbar« Platz, die gibt es nämlich zuhauf auf dem Dorf. Doch sie sind deutlich nützlicher und beliebter, als der Name vermuten lässt.

Eltern, die alles beobachten und das Leben ihrer Kinder bis ins kleinste Detail verfolgen wollen, kennt jeder. Diese Rundumüberwachung gelingt durch Handyortung und Kameraüberwachung im Haus, sogar die Telefongespräche der Kids werden mitgehört. Ganz so schlimm sind die Nachbarn nicht, aber sie können den Kindern der Nachbarschaft dennoch viel Ärger einbringen. Ob heimlich rauchen im Gebüsch, das versteckte Treffen mit der neuen großen Liebe, den Ladendiebstahl im Konsum um die Ecke oder die Schlägerei auf dem Fußballplatz, sobald ein aufmerksamer Dorfbewohner die Machenschaften der Nachbarskinder beobachtet hat, sind die Informationen schon auf direktem Wege zu den Eltern des Ganoven. Meistens ist dafür nicht einmal der direkte Weg nötig, keiner will ja als Petze bezeichnet werden. Von einem Nachbarn wandert die Täterbeschreibung zum nächsten, und zack kommt die gestreute Info dort an, wo sie ankommen sollte: im ausgesprochen schlechten Elternhaus des verzogenen Kindes. Dieses Verbreiten geht so schnell, dass der Übeltäter nur ganz selten die Chance zur

Selbstanklage bekommt, es bleibt wie im Beispiel auf Seite 42 keine Zeit für ein Geständnis gegenüber den Eltern.

So oder so ähnlich würden wohl Dorfkinder und junge Erwachsene vom Land die Überwachung der Nachbarn beschreiben. Eltern sehen das natürlich anders. Für sie sind die Dorfspione die Abhör-App in Fleisch und Blut, die örtliche Polizei bei Drogendelikten oder das Verhüterli bei falschem Umgang. Natürlich möchte die besorgte Mutter wissen, wenn sich der 13-jährige Bub mit den Nachbarsjungen zum Rauchen trifft, die Parfumwolke hatte sie schließlich schon stutzig gemacht. Es kann auch nicht schaden, wenn die Nachbarn erkennen, dass sich die kleine Tanja von nebenan gerade mit ihrer deutlich älteren Internetbekanntschaft an der Haltestelle trifft. War die Elfjährige doch davon ausgegangen, dass sie ein gleichaltriges Mädchen trifft und keinen Mittzwanziger.

Auch in solchen Situationen ist die Nachbarschaft da, hellwach, man kennt sich und man schützt sich, auch wenn keiner danach gefragt hat. Ein gleichgültiges Wegschauen gibt es nicht. Wirkt eine Situation komisch, fremd, falsch oder bedrohlich, wird eingegriffen oder zumindest nachgefragt. Vier Augen sehen mehr als zwei, und Helikopter-Eltern sind auf dem Dorf nur schwer zu finden. Das Bedürfnis nach totaler Kontrolle der Kids ist nicht vorhanden, weil es nicht nötig ist. Die Eltern wissen, mit wem sich die Kleinen treffen, wissen, wer die anderen Kinder sind. Da spielt es keine Rolle, ob heute bei Fritz oder Paul gespielt wird, Hauptsache beim Glockenschlag sind alle zurück.

Ob ein Dorfkind gut erzogen ist, ist übrigens ganz leicht zu erkennen. Das Motto könnte lauten: »Wer grüßt, gewinnt!« Es gehört zum guten Ton, »Guten Tag« zu sagen, wenn Sie jemanden auf der Straße, in der Gartenanlage, auf dem Sportplatz oder in der Kneipe treffen. Schon als Kind wird diese Regel eingebläut und äußerst ernst genommen. »Der kleine Junge vom Schmidts Daniel hat wieder nicht gegrüßt«, will schließlich keiner über 15 Ecken über seinen Sohn hören. Aber Vorsicht, wer immer so gelebt hat und dann in die Stadt kommt, sollte dieses Dauergrüßen aussetzen. In Großstädten gibt es diese Regel nicht, und viele Menschen werden an Ihnen zweifeln, wenn Sie grüßend durch die Straßen laufen.

Das Aufeinander-Aufpassen, Ein-Auge-auf-den-anderen-Haben und Nachfragen ebbt auch im Alter nicht ab. Auch Sie als Erwachsener werden diese Unterstützung erfahren, wenn Sie in brenzlige Situationen kommen, Hilfe brauchen oder ohne Bescheid zu geben für längere Zeit verschwinden. Das Dorf ist wachsam, zum Glück.

WIE SIE DAS DORFLEBEN FÜR DIE ZUKUNFT AUSBILDEN KANN

Es gibt ein Sprichwort, welches gut beschreibt, warum es Gold wert ist, in der Kindheit viel beigebracht zu bekommen: »Was Hänschen nicht lernt, lernt Hans nimmermehr.« Dinge, die Sie in Ihrer Kindheit lernen werden selbstverständlich, werden verinnerlicht und begleiten Sie oftmals ein ganzes Leben. Sie lernen das Schuhebinden, das Dreiradfahren und erste handwerkliche Fähigkeiten. Ebenso selbstverständlich wie diese Dinge werden dann auch typische Fertigkeiten, die einen das Dorfleben, der Bauer von nebenan oder die Familie lehrt. Um diese Besonderheiten zu verdeutlichen, eignen sich einige Beispiele:

In Ihrem Studentenwohnheim sitzt eine Riesenspinne an der Wand, und alle Mitbewohnerinnen stehen bereits kreischend auf den Stühlen und sind kurz davor, die Feuerwehr zu rufen. Wie sollen sie das Monster am besten töten? Sie behalten die Nerven: Mit einem Glas und einem Blatt Papier lässt sich die Spinne ganz leicht einfangen und nach draußen vor die Tür verlagern. Unter tosendem Applaus wird zur Feier des Tages eine Flasche Sekt geköpft. »Auf die Ausbildung auf dem Dorf«, rufen die Mädels lachend, während sie anstoßen und ihren Schock verdauen.

Hamster Willi ist tot, und die Kinder stehen weinend vorm Käfig des geliebten Familienmitgliedes. Ihre Mama ist in der Stadt groß geworden und heult nun mindestens genauso herzzerreißend wie ihre Kleinen. Zum Glück ist Papa auf dem Bauernhof aufgewachsen. Er hat mit Tieren gelebt und sie sterben sehen. Er holt einen kleinen Pappkarton. Diesen bemalt die ganze Familie in allen Farben und gräbt Willi eine letzte Ruhestätte im Garten. Nach der ergreifenden Zeremonie mit Abschiedslied sagt der kleine Max zufrieden: »Jetzt kann Willi immer bei uns sein, danke, Papa.«

Heinz hat heute einen Eintrag im Hausaufgabenheft, es gab Ärger in der Schule. Der Zehnjährige war im Werkzeugraum des Hausmeisters, natürlich ungefragt. Als ihn die Lehrerin Frau Schmidt mit einer Zange an der Heizung erwischt, gibt es richtig Ärger. Heinz versteht die Welt nicht mehr. Er wollte doch nur die Heizung entlüften, die Mädchen in seiner Klasse hatten sich beschwert, dass diese nicht warm wird, wenn sie am Regler drehen. Frau Schmidt zeigt dafür wenig Verständnis und lässt für diese Arbeit den Hausmeister antanzen. Die ist sicher nicht vom Dorf, denkt Heinz genervt.

Eine der wichtigsten Eigenschaften, die Sie auf dem Dorf lernen, ist die Hilfe zur Selbsthilfe. Die meisten Dinge werden von klein auf selbst in die Hand genommen und damit alltäglich. Bevor eine Arbeit an andere abgegeben wird, suchen die Dörfler selbst nach einer Lösung. Nicht selten greifen sie dabei zu exotischen Lösungen.

WARUM SIE AUCH MAL RAUS MÜSSEN AUS DEM DORF

Es gibt viele Gründe auch einmal über den Tellerrand zu schauen und dem Dorf für ein paar Jahre den Rücken zu kehren. Egal, ob Kinder schon in der Schulzeit die Chance auf einen Schüleraustausch ins Ausland nutzen, Studenten nach dem Abitur für ihren weiteren Werdegang in die nächstgrößere Stadt gehen oder Sie ab und zu Ihre Freunde und Bekannte in der Großstadt besuchen, nutzen Sie jede Chance, die sich Ihnen bietet. Das soll keine Flucht vorm Dorfleben sein, sondern die Möglichkeit, die Vorzüge und Nachteile des Dorfes mit realistischen Augen zu sehen und seinen Horizont zu erweitern. Alles, was Sie brauchen und wissen, haben Sie doch auch in Ihrem Geburtsort? Glauben Sie das wirklich? Ob Stadt oder Dorf, das könnte jeder von sich behaupten, aber mit dieser Einstellung verpassen Sie unglaublich viel. Ganz gleich, wo Sie herkommen oder wie Sie aufgewachsen sind, schauen Sie sich auch andere Lebensmodelle, den Alltag anderer an und tauchen Sie ein in eine große bunte Welt. Sie werden staunen, wo Sie sich überall wohlfühlen, was sie lernen und entdecken werden. Raus aus den eigenen vier Wänden bedeutet:

Toleranz: In einer größeren Stadt oder einem fremden Land können Sie auf Menschen jeder Bevölkerungsschicht, Abstammung, Herkunft und jeden Alters treffen. Setzen Sie sich mit ihnen auseinander, suchen Sie das Gespräch, seien Sie offen für andere Lebensweisen, und filtern Sie das Beste für sich und Ihr Leben heraus.

Inspiration: »Was der Bauer nicht kennt, frisst er nicht.« Genießen Sie abwechslungsreiche Gerichte, und probieren Sie auch einmal Essen aus anderen Ländern und Kulturen.

Anonymität: Gehen Sie durch die Straßen, ohne jemanden zu kennen. Keiner wird hier über Sie reden oder sich für Ihr Leben interessieren. Hier müssen Sie nicht dauergrüßen und Gespräche führen. Seien Sie einer von vielen.

Mobilität: Lassen Sie das Auto stehen! Fahren Sie U- oder S-Bahn, mit viel Glück kommen Sie tatsächlich am gewünschten Ziel an. Einfacher wird es vielleicht mit Bus und Taxi.

Kurze Wege: Essen oder Zeitschriften holen zu Fuß und direkt um die Ecke? Kein Problem. Kaufen Sie immer nur, worauf Sie heute

Lust haben, morgen können Sie ja wieder gehen. So viele Läden und so viel Auswahl, im direkten Umfeld.

WLAN: Freies Internet in den Cafés, Bahnhöfen und mitten in der Innenstadt? Trauen Sie Ihren Augen und surfen Sie los.

Sprache: Es kann nicht schaden, seinen Wortschatz zu erweitern, egal, ob in der Muttersprache oder durch das Erlernen einer Fremdsprache. Schon beim Verlassen des Dorfes oder einer Stadtgrenze ändern sich die Art der Kommunikation und die Ausdrucksweise der Menschen.

Dankbarkeit: Sie werden wieder sehr dankbar für Ihr Leben auf dem Dorf sein, wenn Sie zurückkommen, aber Sie werden auch gebildeter, weltoffener und toleranter zurückkehren und die ein oder andere neue Leidenschaft entdeckt haben.

Es ist völlig egal, wie lange Sie der wohligen Wärme Ihres Dorfes entfliehen, wichtig ist nur, dass Sie es machen, Gründe gibt es genug. Wichtig dabei ist der Stolz auf die eigene Herkunft. Erzählen Sie der Welt, dass Sie vom Dorf sind, besseren Gesprächsstoff gibt es doch gar nicht. Sie werden staunen, wie viele Menschen sich ebenfalls plötzlich als ausgewanderte Dörfler outen, wer sich alles für Ihren Alltag interessiert und wie angenehm Gespräche außerhalb der eigenen Komfortzone mit Fremden sein können.

3. KAPITEL

DIE BUCKLIG-NETTE NACHBARSCHAFT

WARUM IHRE NACHBARN BEREITS ALLES ÜBER SIE WISSEN

»Hast du die neue Nachbarin schon gesehen?«, fragt Helga aufgeregt und neugierig ihre Nachbarin Uta am Gartenzaun. »Ja, sie hat ganz kurze Haare und einen Ring in der Nase. Klaus meint, dass sie vielleicht vom anderen Ufer ist.« Helga schaut ganz interessiert und sagt: »Das habe ich mir auch schon gedacht, die ist doch mindestens 35 und hat keine Kinder mitgebracht. Oder sie ist krank, vielleicht sind ihr deshalb die Haare ausgefallen.« – »Klaus denkt übrigens auch, dass sie arbeitslos ist, sie fährt nämlich nie mit dem Auto irgendwohin, ist nur ab und zu zum Spazierengehen draußen«, tratscht Uta weiter. Sie bemerkt vor lauter Aufregung gar nicht, dass ihr Mann Klaus mittlerweile ebenfalls über dem Gartenzaun hängt, mit dem Blick zum Nachbarhaus von Frau Novak. »Die heißt Novak«, sagt er schroff, »die kommt sicher aus dem Ausland.«

Natalie Novak wurde vor 32 Jahren in Deutschland geboren, ihre Eltern leben beide in Hamburg, dort ist sie auch aufgewachsen. So viel sei schon einmal verraten: Natalie ist weder krank noch vom anderen Ufer, aber diese Vermutungen verkaufen sich natürlich ganz gut, und es gibt endlich mal wieder frischen Wind auf dem Dorf. »Wenn sie das nächste Mal aus dem Haus kommt, spreche ich sie an«, sagt Helga voller Überzeugung. Kaum hat sie diesen Satz zu Ende gesprochen, kommt Natalie mit zwei prall gefüllten Müllbeuteln aus ihrer Eingangstür. Diese knallt laut ins Schloss, und sie ruft freundlich: »Guten Morgen!« Helga erschreckt zu Tode und versteckt sich im Blumenbeet. Uta ergreift die Chance und ruft zurück: »Guten Morgen Frau Novak, herzlich willkommen in der Nachbarschaft.«

Natalie kommt freudestrahlend auf ihre neuen Nachbarn zu und reicht ihnen die Hand zur Begrüßung. »Es ist schön, Sie endlich einmal persönlich zu sprechen, ich wollte mich schon längst bei Ihnen vorstellen, aber ich habe es nicht geschafft«, sagt sie, während sie allen die Hände schüttelt. »Wie geht es Ihnen denn heute?«, fragt Helga besorgt und denkt dabei an die schlimme Krankheit der armen, freundlichen jungen Frau. »Es geht mir hervorragend, ich habe nur viel Stress, weil ich den Umzug meines Mannes und der Kinder organisiere. Ab nächstem Monat wohnen sie endlich auch hier. Mein Mann Hannes musste seine Kündigungsfrist einhalten, und ich wollte nicht, dass unsere Kinder vor den Sommerferien die Schule wechseln müssen«, sprudelt es aus Natalie heraus.

»Ah, Ihr Mann. Sie haben einen Mann?«, fragt Helga überrascht. Uta hört währenddessen gespannt zu und findet Gefallen an der offenen Art der neuen Nachbarin. Diese spricht fröhlich weiter: »Wenn mein Buch dann erst einmal fertig ist und der Umzug überstanden, dann habe ich mehr Zeit. Ich hoffe, dann können wir alle zusammen einen Kaffee trinken.« Helga versteht die Welt nicht mehr: »Ein Buch?« – »Ja«, entgegnet Natalie, »ich bin Autorin, deshalb arbeite ich viel von zu Hause aus.«

Uta ist von der Situation mehr als amüsiert, die Thesen und Vermutungen von Helga und Klaus werden mit jedem weiteren Satz mehr entkräftet. »Auf den Kaffee mit Ihnen freuen wir uns sehr. Sagen Sie uns auch, wenn wir Ihnen irgendwie helfen können«, sagt Uta und verabschiedet sich.

Als Natalie zurück in ihr Haus geht, kann Helga nur an eines denken: Wem erzählt sie als Erstes, was sie heute alles über die neue Nachbarin erfahren hat?! Fest steht, morgen kennen alle die Ehefrau, Mutter und Starautorin von nebenan, die völlig gesund ist und ihren Müll vorbildlich trennt. Nichts ist so schnell und gnadenlos wie der Dorftratsch.

WIE SIE DEM DORFTRATSCH ENTKOMMEN

Gar nicht! Sie sollen die Wahrheit erfahren, bevor Sie den kompletten Text gelesen haben: Sie werden dem Dorftratsch nicht entkommen, er gehört dazu, mit all seinen Vor- und Nachteilen. Sollte Ihnen das Wort »Tratsch« nicht geläufig sein, folgt hier die Definition zu »tratschen« aus dem Duden: »viel und nicht sehr freundlich über andere Leute reden«. Jeder Mensch hat Vorurteile und stellt Behauptungen auf, das ist normal und menschlich. Auf dem Dorf kommt noch ein Funke Fantasie, etwas Drama und eine Prise Unwissenheit dazu, und schon floriert der Dorftratsch und die Zaungespräche blühen in den schönsten Farben.

Um noch einmal deutlich aufzuzeigen, welche verrückten Wege der Dorftratsch gehen kann und vor allem woher die Dorfbewohner ihre Informationen beziehen, hier ein Beispiel: Früher war es auf dem Dorf unmöglich, eine Schwangerschaft zu verheimlichen. Dabei mussten die Nachbarn gar nicht auf den Bauch der Kindsmutter in spe warten oder mit ihr sprechen. Es war völlig normal, dass auf der Wäscheleine, neben den Stofftaschentüchern, die Binden hingen. Es gab noch keine Zellstofftaschentücher, und auch an Tampons war nicht zu denken. Fazit: Wurden mehr als vier Wochen keine Stoffbinden auf der Wäscheleine der Nachbarin gesichtet, wusste bald das ganze Dorf, dass Nachwuchs ins Haus steht. Da soll mal wieder jemand von der »guten alten Zeit« schwärmen.

Verhindern lässt sich der Dorftratsch also nicht, aber er lässt sich eindämmen und lenken. Je mehr Sie versuchen, Informationen zurückzuhalten, Ereignisse zu verheimlichen oder Tatsachen zu verstecken, desto größer wird das Interesse an Ihnen, Ihren Geschichten und Ihrem Leben. Unterschätzen Sie dabei niemals Ihre Nachbarn, sie sind hervorragende Detektive und Spione. Und genau darin besteht auch die Gefahr. Egal, was der Dorftratsch über Sie herausfindet, es wird ausgewertet und weitergetratscht, nach dem Wahrheitsgehalt fragen die wenigsten.

Wichtig zu wissen ist, dass es nicht nur Ihnen so geht und dass das Gerede auch nicht böse gemeint ist. Ein anderer Eindruck könnte entstehen, wenn Sie sich die Synonyme für das Wort »tratschen« genauer ansehen: abfällig/schlecht reden, sich mokieren, sich das Maul zerreißen, gehässig reden, hetzen, lästern, herziehen.[21] Auch wenn diese Bezeichnungen sehr an Mobbing erinnern, ist diese Schlussfolgerung voreilig. Der »Dorftratsch« dient der Kommunikation in der Gemeinschaft, heitert Dorffeste auf und lässt die Menschen die eigenen Sorgen vergessen. Achten Sie beim Tratschen also immer darauf, dass der Dorftratsch weder verletzend noch gemein sein darf. Er dient lediglich zur Belustigung des Alltags. Dies passiert sicher auf Kosten anderer, aber das Schöne ist, dass jeder einmal dran ist.

Je offener Sie also ihr Leben führen, umso weniger gibt es zu tratschen und umso größer ist die Chance, dass die Informationen stimmen. Der Dorftratsch gehört zum Leben auf dem Land dazu wie der Senf zur Wurst. Geben Sie ab und an ein paar Sachen preis, und die hungrigen Mäuler werden gestopft und nicht selbst kreativ. Wenn Sie dann durch einen gesunden Umgang mit den Plappermäulern und einem geschickten Zurückhalten und Streuen der Informationen gelernt haben, wie Sie den Dorftratsch über sich selbst lenken und eindämmen können, sind Sie bereit für den nächsten großen Schritt, die Königsdisziplin: Nutzen Sie den Dorftratsch für sich! Wie das geht, lesen Sie jetzt.

WIE SIE DEN DORFTRATSCH FÜR SICH NUTZEN KÖNNEN

Natürlich hat jede Medaille zwei Seiten. Das Wort »Dorftratsch« klingt sicher etwas hart und gemein. Eigentlich bedeutet der Tratsch ja nichts anderes als im Gespräch zu sein. Heute Morgen sind Sie das Dorfgespräch, am Abend trifft es den Nächsten. Eines ist sicher: Schneller als durch den Dorftratsch können Sie Informationen nicht streuen. Mit minimalem Aufwand und in kürzester Zeit erreichen Sie eine Vielzahl an Menschen, das perfekte Beispiel für das Schneeballsystem. Warum machen Sie sich dieses Phänomen also nicht zu eigen und nutzen es für sich. Dass es früher oder später auch einmal gegen Sie arbeitet, wie in der vorausgegangenen Episode beschrieben, lässt sich dann viel leichter ertragen.

Bereits früher wussten die Dorfbewohner genau, wie der Dorftratsch als Sprachrohr genutzt werden kann. Damals war diese Art des Informationsaustausches auch noch deutlich wichtiger, Handy, Computer, Fernsehen und Radio waren nicht annähernd auf dem Stand von heute. Kommt heutzutage ein neuer Erdenbürger auf die Welt, erfährt es die ganze Familie durch eine Chatgruppe oder E-Mail, ein Bild der glücklichen Familie, Geburtsgewicht und Wehendauer gibt es gratis obendrauf. Um diese Information in die Welt zu streuen, braucht es nur einen Klick am Handy.

Vor 50 Jahren ging es da noch deutlich persönlicher zu. Wurde in einem Haus ein Kind geboren, wurde das freudige Ereignis zuerst an den direkten Nachbarn weitergetragen. Dieser ging dann von Haustür zu Haustür und informierte auch die anderen Nachbarn über den neuen Dorfbewohner. Der Überbringer der Nachricht erhielt üblicherweise einen Schnaps und einen Taler. Die letzten Nachbarn erhielten dank des Alkohols nicht immer korrekte Angaben zum Namen und Geburtsgewicht des Ankömmlings. Am Ende des Tages war ein dicker Schädel, aber auch ein gut gefüllter Geldbeutel sicher. Solche Bräuche gab es auch bei Verlobungen und Hochzeiten, ohne den Dorftratsch undenkbar.

Wenn Sie wissen, wer die Informationen in welche Kreise streut, können Sie sich die nächste Annonce in der Zeitung sparen. Sie wollen ihr Auto oder Haus verkaufen? Erzählen Sie dies dem richtigen Nachbarn, und am nächsten Tag wird ein Interessent vor ihrem Haus stehen und fragen, ob er die Möbel auch gleich übernehmen darf. Genauso funktioniert es, wenn Sie feiern möchten. Der Polterabend steht vor der Tür, und sie wollen keine Flyer drucken? Müssen Sie nicht, erzählen Sie ausgewählten Nachbarn ganz im Vertrauen von Ihrer Party, und Sie werden sich über mangelnde Gäste nicht beklagen.

Um den Dorftratsch in dieser Art und Weise für sich und Ihre Zwecke nutzen zu können, müssen Sie die Bewohner und ihre »Tratschfähigkeiten« allerdings äußert gut kennen. Nicht jede Information ist gleich gut bei jedem Nachbarn aufgehoben. In der Kneipe oder am Gartenzaun, in der Kirche oder beim Bäcker, auch der Ort des Informationsaustausches sollte durchdacht sein. Halten Sie sich als Dorfneuling also besser etwas zurück und beobachten Sie vorerst die Dorfgespräche und wer mit wem vernetzt ist. Sonst kann das Streuen der Informationen auch gewaltig nach hinten losgehen und die Dörfler werden Ihren Plan durchschauen. Die Zeit wird kommen, in der Sie den Dorftratsch für sich nutzen können, seien Sie wachsam, lernen Sie von anderen und haben Sie Geduld.

WARUM DER BESUCH BEIM BÄCKER VIEL ZEIT KOSTET

Wenn Sie in der Großstadt auf dem Weg zum Bäcker sind, läuft das so ab:

Sie verlassen Ihr Haus Richtung Bäckerei und gehen entspannt den Bürgersteig entlang. Sie werden sicher auf einige Menschen treffen. Diese fremden Leute werden teilweise Ihre Blicke auf sich ziehen, weil sie besonders skurril, spannend oder auffällig ausdruckslos sind. Andere werden Sie gar nicht bemerken, und auf Sie wird vermutlich auch keiner schauen. Sie werden den Bäckerladen betreten, und mit ganz viel Glück erkennt Sie die Verkäuferin, weil

Sie schließlich schon seit 15 Jahren in dieses Geschäft gehen. Vielleicht ist es aber auch einer dieser Tage, an denen Sie keiner erkennt, weil das Personal ständig wechselt, die Filiale einen neuen Besitzer hat oder täglich zu viele Kunden hierherkommen. Sie machen sich nicht sonderlich viele Gedanken darum, Sie sind schließlich wegen der Brötchen hier, und diese nehmen Sie dankend entgegen und bezahlen. Als Sie nach zehn Minuten wieder zu Hause ankommen, decken Sie zusammen mit der Familie den Tisch und beginnen zu essen.

Wenn Sie auf dem Dorf zum Bäcker gehen, läuft das so ab:

Sie verlassen Ihr Haus Richtung Bäckerei und gehen entspannt von Ihrem Grundstück. In diesem Moment schrillt Ihnen die Stimme des Nachbarn entgegen: »Guten Morgen, schon wach?« Diese offensichtlich rhetorische Frage ignorieren Sie und stapfen zum Gartenzaun. Nach einem kurzen Gespräch mit dem netten Herrn von gegenüber machen Sie sich auf den Weg zum Bäcker. Kaum an der Hauptstraße angekommen, ertönt ein lautes Hupen. Nicht etwa, weil Sie sich nicht an die Verkehrsregeln gehalten haben oder ohne zu schauen auf die Straße gelaufen sind, ein anderer Bekannter hat Sie aus dem Auto erkannt und winkt beim Vorbeifahren verkehrsgefährdend stark. Sie winken, halb zu Tode erschrocken wegen der Hupe, lächelnd zurück.

Direkt nachdem der Schock halbwegs verdaut ist, stellen Sie fest, dass sich schnellen Schrittes jemand von hinten nähert. Keine Panik, es ist sicher kein Überfall, sondern der Nachbar von gegenüber, der gern gemeinsam mit Ihnen zum Bäcker laufen möchte. So erfahren Sie noch vor dem ersten Blick in die Zeitung alles, was Sie am heutigen Tag wissen sollten, und den neusten Dorftratsch gibt es gratis und ungefragt obendrauf. Beim Bäcker angekommen, werden Sie noch weitere Bekannte treffen und einige Gespräche führen. Die Verkäuferin möchte natürlich auch noch von Ihnen wissen, wie es denn den lieben Kindern geht und was der Hausumbau macht. Es fällt Ihnen schwer, bei all den Gesprächen an die

Brötchen zu denken, aber Sie schaffen es. Auf dem Rückweg werden Sie ebenfalls nicht einsam sein.

Als Sie nach 45 Minuten wieder zu Hause ankommen, sitzen die hungrigen Mäuler schon am gedeckten Tisch, und alle interessiert nur eine Frage: »Wen hast du getroffen, und was gibt es Neues?«

Natürlich sind die beiden Beispiele etwas ausgeschmückt und extrem dargestellt, aber genau so läuft es auf dem Dorf. Mal schnell zum Bäcker gehen, auf ein schnelles Bier beim Kumpel vorbeischauen, schnell noch Salz bei der Nachbarin holen oder eine kleine Runde am Sonntag spazieren gehen, das gibt es nicht! Es ist nie schnell, klein oder kurz, weil Sie immer Bekannte, Freunde und Nachbarn treffen werden und weil jeder einzelne von ihnen das Gespräch suchen wird. Doch genau diese Begegnungen, die »Gespräche am Gartenzaun«, sind unerlässlich, denn sie sind das »Dorfleben«. Wie bereits auf Seite 20 und 21 beschrieben, sind Sie auf dem Land falsch, wenn Sie anonym leben wollen.

Für die Dörfler ist es nicht anstrengend, sich auszutauschen, Gespräche zu führen und oft aufeinanderzutreffen. So erschrocken wie ein Großstädter wäre, wenn er beim Bäcker und auf dem Weg dahin ständig auf Bekannte treffen würde, so erschrocken wären die Menschen auf dem Dorf, wenn der Nachbar plötzlich den Kopf nach unten nimmt, nicht grüßt und Gesprächen aus dem Weg geht. Für diese große Gemeinschaft entscheidet sich der Dörfler bewusst, fühlt sich wohl und hat wirkliches Interesse am Leben der anderen.

Wenn sich also Ihr Mann mal wieder auf ein schnelles Bier zum Nachbarn oder Ihre Frau auf ein kleines Gläschen Sekt mit der Nachbarin verabschiedet, rechnen Sie erst nach einigen Stunden mit der Rückkehr. Schließlich können Sie nie wissen, wer Ihnen alles über den Weg läuft.

WARUM SIE AUF DEM DORF NICHT SO SCHNELL EINEN HANDWERKER BRAUCHEN

Das Handwerk in Deutschland freut sich über einen Umsatz von mehr als 580 Milliarden Euro im Jahr.[22] Den richtigen Handwerker für das passende Problem zu finden ist oftmals mühsam und kostenintensiv. Vor allem auf dem Dorf, mit großen Grundstücken, Vierseitenhof oder eigenem Haus, können die Kosten extrem in die Höhe schnellen, wenn Sie für jede Reparatur und für jedes Vorhaben einen Dienstleister brauchen. Deshalb heißt es in den ländlichen Gegenden oft: »Do it yourself!« oder »Eine Hand wäscht die andere«.

Wer ein eigenes Haus oder eine Wohnung besitzt, muss sich um die Instandhaltung der eigenen vier Wände selbst kümmern und auch finanziell dafür aufkommen. Eine wahre Wohltat für den Geldbeutel ist es deshalb, wenn Sie den ein oder anderen Handgriff selbst beherrschen oder wissen, wer Ihnen unter die Arme greifen könnte. »Nachbarschaftshilfe« heißt das Zauberwort. Bei dieser Form der Hilfe unterstützen sich die Dorfbewohner gegenseitig, ohne dafür ein Entgelt zu verlangen, stattdessen wird eine Gegenleistung in ähnlicher Form erbracht. Getreu dem Motto: Du reparierst meine kaputte Lampe, und ich helfe dir dafür beim Anstrich deines Gartenhäuschens. Diese Gegenleistung wird nicht sofort eingefordert, aber der Moment dafür wird kommen, sicher!

Um von der Nachbarschaftshilfe zu profitieren, ist es erforderlich, dass Sie ihre Nachbarn kennen. Wenn Sie nicht wissen, wer handwerklich begabt ist, wer leidenschaftlicher Koch ist oder stark genug, um Möbel zu schleppen, wissen Sie auch nicht, wen Sie um Hilfe bitten sollen. Normalerweise stellt diese Voraussetzung kein Problem dar, denn wie schon mehrfach erwähnt, kennen sich die Dörfler gut, und der ein oder andere Tratsch kann ebenfalls beim Finden des richtigen Handwerkers hilfreich sein. Was Sie nicht wissen, weiß vielleicht ihr Nachbar, fragen Sie einfach. Für die meisten

Dörfler ist es absolute Ehrensache zu helfen, da kommt der benachbarte Elektriker auch mal am Weihnachtsmorgen in Ihr Haus, wenn plötzlich der Strom weg ist und damit das Fest in Gefahr. Nach getaner Arbeit gibt es ein schnelles »Dankeschönbier« und das Versprechen, dass Sie sich revanchieren werden.

Auch wenn Sie kein Elektriker, Fliesenleger, Schreiner oder Metzger sind, Sie müssen sich keine Sorgen machen, dass Sie die Gegenleistung nicht erbringen können, denn die anfallenden kleinen Notfälle sind so vielfältig. Bei einem dieser Beispielprobleme könnten Sie doch sicher helfen, oder?

- Winterdienst, dem Nachbarn beim Schneeschippen und Streuen helfen
- Stylistin, ihre Nachbarin beim Outfit fürs erste Date beraten
- Haushaltshilfe, Ihre alte Nachbarin hat sich das Bein gebrochen
- Pkw-Fachmann, dem Nachbarn beim Wechseln der Autoreifen helfen
- Bäckerin, eine Geburtstagstorte für die Feier des Nachbarn backen

Es wird immer etwas geben, womit Sie ihren Mitmenschen Arbeit abnehmen können. Aber natürlich werden vor allem im handwerklichen Bereich nicht wahllos Aufgaben an die Nachbarn verteilt, sondern erst einmal selbst probiert. Tropfende Wasserhähne, nachlaufendes Klo, Tapezieren, Malern und Glühbirnen austauschen, all diese Dinge lernen die Dörfler meist schon in der Kindheit und behalten diese handwerklichen Fähigkeiten ein Leben lang.

Wenn das eigene Know-how doch nicht reichen sollte, gehört es zum guten Ton, die ansässigen regionalen Firmen zu beauftragen. Der Dorfkneipier beauftragt die Maurerfirma aus dem Ort für seine Anliegen, dafür feiert diese Firma ihre Weihnachtsfeier in seinem Lokal. Ein weiterer Vorteil von ansässigen Handwerkern ist die Tatsache, dass man sich immer zweimal sieht. Welcher Dienstleister riskiert eine schlechte und halbherzige Arbeit, wenn der Auftraggeber direkt um die Ecke wohnt? Auf dem Dorf kann sich keiner verstecken, und schlechte Arbeit macht ruck, zuck die Runde, Dorftratsch, Sie wissen schon.

WARUM OBST UND GEMÜSE NUR SELTEN AUS DEM SUPERMARKT KOMMEN

Auf dem Dorf wird alles selbst angebaut, es wird geerntet, eingekocht, gebraut, gepresst, gepökelt und geräuchert. Früher war das so, aber heute doch nicht mehr, oder? Nicht nur in den Discountern und auf den Märkten ist um Bio-Obst, -Gemüse und -Eier ein wahrer Hype ausgebrochen. Auch die Dörfler schätzen ihr traditionelles Handwerk und stecken damit auch ihre Kinder, Enkel, Rückkehrer und Zugezogene an.

Obst und Gemüse aus eigenem Anbau schmecken nicht nur besonders gut, sondern haben einen Wellnessfaktor, lösen Stolz bei der Ernte aus, und der Besitzer weiß ganz genau, wo es herkommt, vom eigenen Beet vorm Haus. Schon längst bauen nicht mehr nur Bauern ihr Grünzeug selbst an. Junge Familien erfreuen sich in ihren Gärten an Kräuterbeeten und Gewächshäusern. Schon die Kleinsten ernten mit Opa die Gurken und Tomaten, gießen die Erdbeerpflanzen und riechen am Rosmarin.

Selbstversorgung ist in der heutigen Zeit kaum mehr nötig, aber angesagt, sie ist für viele zu einer Art Hobby geworden. Pflanzen anbauen und pflegen, bis die reifen Früchte geerntet werden können, für viele ist dies Wellness und Abschalten vom Alltag. Raus aus dem Büro und rein ins Beet, wo könnten Sie sich besser in Ihren Gedanken verlieren. Dafür müssen Sie nicht auf dem Dorf aufgewachsen sein. Spätestens, wenn Ihnen Ihr Nachbar das erste Mal Bohnen aus dem eigenen Garten und die Eier seiner glücklichen Hühner bringt, werden Sie mit diesem Fieber angesteckt. Erst überzeugt der Geschmack und danach der Weg dahin. Sie können sich nicht vorstellen, welche Glücksgefühle in Ihnen hochsteigen, wenn Sie Ihre ersten eigenen Früchte ernten oder Ihre Hühner zwei Eier mehr legen als sonst.

Wenn der Anbau im Dorf gut funktioniert, blüht auch der Handel mit den Waren. Es ist nicht nötig, für die Leckereien zu bezahlen, die Währung ist »Ware gegen Ware«. Bringt Ihnen Ihr Nachbar Hartmut also Gurken aus seinem Gewächshaus vorbei, werden Sie im Herbst an ihn denken, wenn Sie die Haselnüsse in ihrem Garten auflesen und eine Tüte vor seine Tür stellen. Die Nachbarn sind immer die erste Adresse, wenn das Beet mehr zur Verfügung stellt, als gegessen werden kann.

Wahre Weltmeisterschaften gibt es auch im Einkochen von Obst. Jeder hat seine eigenen Rezepte und Tricks. Wurden früher die Gläser zum Einwecken noch in die Waschmaschine gestellt, nutzen die Experten von heute die Spülmaschine oder professionelle Einkochtöpfe, Hauptsache die Temperatur stimmt. Solche Tricks und Kniffe lernen die folgenden Generationen nicht im Internet, sondern aus erster Hand, am Herd von Oma und durch den Austausch mit anderen. Auch diese eingekochten Früchte sind im inoffiziellen Dorfhandel Gold wert. Seien Sie jedoch vorsichtig, wenn jemand ein Glas voller Obst zu einer Party mitbringt. Dann können Sie davon ausgehen, dass diese glücklichen Früchtchen für eine lange Zeit in Rum oder Korn geschwommen sind. Auch wenn Sie lecker sind, ernähren Sie sich bloß nicht den ganzen Abend davon, Sie werden es am nächsten Morgen bitter bereuen.

Es gibt eine Vielfalt von Möglichkeiten, sich in der Küche, Tierpflege oder beim Anbau von Pflanzen und Gemüse zu verwirklichen. Sie haben keinen grünen Daumen? Dann gönnen Sie sich doch einen kleinen Hühnerstall für die Produktion Ihrer Frühstückseier. Sie können Tiere nicht leiden? Dann produzieren Sie doch aus den Äpfeln und Kirschen in Ihrem Garten eigene Säfte. Wenn Sie selbst keine Obstbäume haben, wenden Sie sich an Ihren

Nachbarn. Sie können Schnaps brauen, Liköre ansetzen oder Gurken einlegen, der Fantasie sind keine Grenzen gesetzt. Wenn Sie das Ganze allerdings schon beim Lesen stresst und Sie sich weniger in der Küche sehen, dann genießen Sie doch die Produkte Ihrer fleißigen Nachbarn und zahlen es mit Ihren Talenten zurück. Sie können auf die Tiere des Nachbarn aufpassen, wenn dieser im Urlaub ist. Sie können seine Reifen wechseln, im Wald Pilze für den Tausch suchen oder Goldfische für ihn besorgen, wenn diese den Winter wieder nicht überlebt haben. Probieren Sie ein paar dieser Dinge aus, Sie werden sich wundern, welche Fähigkeiten in Ihnen stecken, und das Geschmackserlebnis nie mehr missen wollen.

WIE SIE SCHNELL ANSCHLUSS FINDEN

Dieser Text könnte unendlich viele Überschriften haben. »Wie Sie schnell Kontakt zu den Dorfbewohnern bekommen«, »Wie Sie es schaffen, eingebunden und akzeptiert zu werden«, »Wie Sie die Nachbarn für sich begeistern können«, letztendlich läuft jedoch alles auf ein Ziel hinaus: Sie wollen sich nach einem Umzug aufs Dorf nicht einsam fühlen und schnell Kontakt zu den Dorfbewohnern aufbauen. Die gute Nachricht ist: Sie haben es selbst in der Hand.

Auch beim Umzug aufs Land gelten dieselben Regeln für das Finden sozialer Kontakte wie überall. Wenn Sie Hunde oder Kinder haben, finden Sie deutlich schneller Menschen mit den gleichen Interessen und damit Gleichgesinnte. Aber keine Angst, deshalb müssen Sie weder die Familienplanung umkrempeln, noch ins Tierheim rennen. Es gibt genug andere Möglichkeiten. Wenn Sie in der Nähe arbeiten, können Sie sich zum Beispiel mit ihren Kollegen zusammentun. Kommt das auch nicht infrage, dann versuchen Sie es doch einmal mit einer Einweihungsparty oder stellen Sie sich persönlich bei Ihren Nachbarn vor. Wenn Sie von Tür zu Tür gehen, um Ihren neuen Nachbarn zu begrüßen, haben Sie auf jeden Fall einen Stein im Brett. Plötzlich wirken Sie nahbar, nicht mehr fremd, und jeder wird Ihre Bemühungen erkennen.

Eines sollten Sie wissen und nicht unterschätzen: Die Dörfler haben nicht sehnsüchtig auf Sie gewartet, und sie werden auch nicht auf Sie zukommen. Es ist Ihre Aufgabe, den Kontakt aufzunehmen und damit Ihr Interesse an der Dorfgemeinschaft zu zeigen. Sollten Sie sich verstecken, bleiben Sie immer nur der oder die seltsame Neue, und es wird massig dumme Vermutungen und Gerüchte über Sie geben. Wirken Sie dem Ganzen entgegen, indem Sie ein paar Infos über sich preisgeben, indem Sie die Gespräche mit Ihren Nachbarn suchen. Besonders einfach gelingt die Kontaktaufnahme auch über Freunde. Wenn Sie also bereits jemanden aus Ihrer neuen Heimat kennen, wird es deutlich schneller klappen mit sozialen Kontakten.

Es ist von Vorteil, wenn Sie aus derselben Gegend kommen und damit »die gleiche Sprache« wie die Dörfler sprechen. Mit einem fremden Dialekt werden Sie es vermutlich etwas schwerer haben, das können Sie aber sicher mit diesen Tipps und Ihrem Charme ausgleichen. Was Sie jedoch nicht machen sollten: Versuchen Sie sich nicht zu verstellen, indem Sie krampfhaft versuchen, hochdeutsch zu sprechen, das will auf dem Land keiner hören. Dialekte machen sympathisch.

Wie wichtig Vereine für ein funktionierendes Dorfleben sind, können Sie ab Seite 133 genauer nachlesen. Auf dem Land gehört die Mitgliedschaft in mindestens einem Verein oder eine ehrenamtliche Tätigkeit zum guten Ton. Besonders viel Respekt und Anerkennung werden Sie erhalten, wenn Sie sich ebenfalls für das Dorf engagieren. So zeigen Sie Ihren Nachbarn, dass Sie sich für Ihre neue Heimat interessieren, für deren Geschichte und vor allem Zukunft, und dass Sie ein Teil der großen Dorfgemeinschaft werden wollen. Gehen Sie auf Dorffeste, schauen Sie beim Gebetskreis oder der Pokerrunde vorbei. Bieten Sie Ihre Hilfe an. Es gibt ganz sicher

Menschen, die Ihre Interessen teilen, finden Sie Gemeinsamkeiten mit Ihren Nachbarn, und Sie werden im Handumdrehen dazugehören.

Außerdem ist es auf dem Dorf unerlässlich zu grüßen. Auf dem Weg zur Kirche, in der Schlange beim Bäcker, egal wo, grüßen Sie! Wortlos aneinander vorbeigehen ist undenkbar. Natürlich sagen Ihnen die meisten Gesichter am Anfang nichts, aber mit jedem »Hallo« steigt die Chance, dass Sie direkt in ein Gespräch verwickelt werden. »Eine fremde Person im dorfeigenen Bäckerladen, und Sie grüßt auch noch? Wer ist denn das?« So oder so ähnlich werden die anderen reagieren. Die Dörfler wollen wissen, wer Sie sind, weil sie sonst vor Neugier platzen und weil es auf dem Land eben kein »anonymes Seite an Seite leben« gibt.

Denken Sie bei jedem Aufeinandertreffen daran, dass Sie die meisten Dorfbewohner immer wiedersehen werden. In der Großstadt ist die Chance oder Gefahr, einem fremden Menschen zweimal zu begegnen, sehr gering. Anders ist es auf dem Dorf, Sie werden es immer wieder mit den gleichen Leuten zu tun bekommen, ob Sie wollen oder nicht. Außerdem wird es sich rasend schnell herumsprechen, wenn Sie sich arrogant, eigenartig, missbilligend oder unfreundlich den Dorfbewohnern gegenüber verhalten, und dann wird es sicher nicht leichter, Teil der Gemeinschaft zu werden.

Wenn Sie sich allerdings offen, freundlich, interessiert und gesellig zeigen, über sich sprechen und Fragen stellen, steht Ihrem Platz im Dorfleben und im Herzen der Nachbarschaft nichts mehr im Wege.

4. KAPITEL

FAMILIE

WARUM DORFKINDER STOLZ AUF IHRE HERKUNFT SIND

Ob Sie es glauben oder nicht, mittlerweile können Sie sich bedruckte T-Shirts mit der Aufschrift: »Ich bin stolz, ein Dorfkind zu sein« kaufen und sich damit ganz klar zu Ihrer Herkunft bekennen. Bereits in der Kindheit wissen die keinen Dörfler, dass sie besonders sind. Dieses Gefühl bekommen sie nicht primär von ihren Eltern vermittelt. Vielmehr bemerken sie es im Kindergarten oder in der Schule, wenn sie mit anderen Kindern spielen und dann mit folgendem Wissen glänzen.

Dorfkinder wissen:

- dass man nicht an einen Elektrozaun pinkelt
- dass Kühe nicht lila sind
- das gelber Schnee kein Zitroneneis ist
- dass zum Glockenschlag das Essen auf dem Tisch steht
- wie eine frisch gemähte Wiese riecht
- dass die Feuerwehr die besten Feste feiert
- was eine Kreisliga und ein Bolzplatz sind
- wie man auch ohne Schlüssel ins Haus kommt
- wie man im eigenen Garten zelten kann
- wie man Traktor fährt
- in welchem Garten die leckersten Äpfel wachsen
- und dass man den Weihnachtsbaum nicht kaufen muss.

Natürlich sind all diese Aufzählungen mit einem Lächeln zu verstehen, und sicher kennen auch die Kinder aus der Stadt einige dieser Fakten, aber die Kids vom Dorf haben durch ihr Umfeld ganz andere Interessen und deshalb ein anderes Wissen. Ebenso ist es natürlich auch bei den Nicht-Dörflern. Ein Kind aus der Stadt schlägt ein Kind vom Dorf sicher im Handumdrehen an der PlayStation, findet den Nachhauseweg mit der U-Bahn und weiß, wo es den besten Döner gibt.

Diese Hahnenkämpfe oder der Drang, sich zu vergleichen, sind menschlich. Realschüler mögen Gymnasiasten nicht, Sportkids können Gamer nicht verstehen. Allerdings gibt es eine Sache, die bei Dorfkindern besonders ausgeprägt zu sein scheint: der Zusammenhalt. Die Nachwuchsdörfler müssen nicht in die Schule gehen, um ihre Freunde zu sehen. Das Dorf ist voll davon. Gespielt wird mit den Nachbarskindern, mit den Cousins und Cousinen und mit den Kindern aus den Vereinen der Eltern. Jeden Tag gibt es ein anderes Abenteuer, weil auch die Treffpunkte im Dorf ständig andere sind. Durch dieses regelmäßige Spielen in größeren Gruppen wächst der Zusammenhalt der Dorfkinder.

Außerdem gibt es Orte, wo die Kids immer auf Gleichgesinnte treffen, dafür müssen sie sich nicht fest verabreden. Ob der Sportplatz, der zugefrorene Dorfteich, der Garten der Kirche, in den Wäldern oder die Abwasserrohre unter der Brücke, irgendjemand ist immer zum Spielen da. Und das Beste: Erwachsene haben zu den meisten Treffpunkten keinen Zutritt.

WIESO KINDER VON JEDER UMGEBUNG PROFITIEREN KÖNNEN

Für viele Eltern ist es eine absolute Traumvorstellung, ihren Kindern eine ruhige, idyllische und spannende Kindheit auf dem Dorf zu bieten. Auf Bäume klettern, Beeren in den Wäldern suchen und mit den Nachbarskindern in den Dorfteich springen, ein schöner Gedanke. Dennoch hat auch das Großwerden auf dem Dorf Vor- und Nachteile.

Bei dem Vergleich zwischen Dorf und Stadt sprechen viele Experten von ausgeglichen vielen Vor- und Nachteilen. Das Wichtigste für ein Kind sind gleichaltrige Kinder und der Kontakt zu ihnen. Gibt es diese Spielkameraden nicht, ist es völlig egal, ob die Kleinen in einer anonymen Wohnhaussiedlung oder in einem einsamen Waldhaus am Ende der Welt aufwachsen. Die soziale Kompetenz wird vor allem durch die Familie und den Freundeskreis eines Kindes geprägt. Gleichaltrige Kinder bringen sich Zusammenhalt bei, aber auch, wie sich eine Auseinandersetzung anfühlt. Sowohl auf dem Dorf als auch in der Stadt werden Kinder kreativ und erfinderisch, spielen und arbeiten mit den Dingen, die sie vorfinden. Dabei unterscheiden sie nicht zwischen Wiese, Wald oder Stadtpark. Der Kontakt zu anderen Kindern animiert sie außerdem zu neuen Entwicklungsschritten. Mama kann dem kleinen Klaus 100 Mal das Schuhebinden zeigen; wenn es der kleine Norbert von nebenan vormacht, lernt es Klaus schneller.

Nicht jeder, der auf dem Dorf lebt, hat automatisch einen Bauernhof mit Tieren, in vielen kleinen Ortschaften gibt es nicht selten keine gleichaltrigen Kinder in der Nachbarschaft. Auch die Betreuungsmöglichkeiten und die Kultur- und Freizeitangebote können auf dem Land zu wünschen übrig lassen.

In den Städten werden die Kinder häufiger frühzeitig in Betreuungseinrichtungen gegeben, dort treffen sie auf Kinder jeden Alters und jeder Schicht. Dagegen ist der Zusammenhalt zwischen Dorfkindern sehr groß, die Selbstständigkeit der Kleinen wird extrem früh gefördert. Das angeregte Leben in der Stadt sorgt für eine äußerst gute Sprachförderung bei den kleinsten Bewohnern, doch auch mit den Nachbarn am Gartenzaun können die Dorfkinder hervorragend tratschen. Überall werden die Kinder auch mit unangenehmen Dingen des Lebens konfrontiert, sei es das tote Pferd vom Nachbarn oder eine Schlägerei auf dem Großstadtspielplatz. Außerdem müssen sowohl die Stadtkinder als auch die Dorfkinder lernen, sich anzupassen, wenn es sie doch in eine andere Umgebung zieht. Das Dorfkind wird große Augen machen, wenn es zum ersten Mal eine vierspurige Straße und Straßenbahnen sieht, das Stadtkind wird auf jeden Fall einmal und nie wieder an den Weidezaun greifen.

Das Beste ist wohl, wie so oft, eine Mischung aus beidem, und die gute Nachricht ist, bei diesem Thema ist das ohne Probleme möglich. Ein Kind vom Land sollte die Möglichkeit haben, seine Oma in der Stadt zu besuchen oder mit den Eltern einen Wochenendausflug in eine größere Stadt zu machen. Die Kids aus der Stadt dagegen lieben Besuche bei ihren Freunden auf dem Land oder einen Urlaub auf dem Bauernhof. Wie bei vielen Themen hilft es auch hier, über den Tellerrand hinaus zu schauen.[23]

WARUM SIE SICH WENIGER SORGEN UM DIE SICHERHEIT IHRER KINDER MACHEN MÜSSEN

Die Kinder auf dem Land aufwachsen zu lassen, ist für viele Eltern eine Traumvorstellung. Über weite Felder rennen, im Dorfbach Dämme bauen, mit Tieren groß werden und eigene Baumhäuser entwerfen, mehr Freiheit und Abenteuer können die Kleinen kaum haben. Doch auch der Sicherheitsaspekt bewegt immer mehr Eltern dazu, mit ihren Sprösslingen in die Provinz zu ziehen, dorthin, wo ihre Kinder sicherer zu sein scheinen.

Mit dem Fahrrad die Nachbarschaft unsicher machen, mit Straßenkreide auf Gehwege malen, sich in Büschen verstecken oder vor der Tür mit dem Ball spielen, all diese Dinge klingen selbstverständlich, doch sie werden zum Problem, wenn es keinen Platz oder zu viel Verkehr gibt. Auf dem Dorf gibt es genügend freie Flächen und vor allem wenig Verkehr. Wenn Ihre Kinder das Haus verlassen, müssen sie weder eine vielbefahrene Straße passieren, noch müssen sie sich durch einen Ampeldschungel zum nächsten Spielplatz kämpfen. Das Abenteuer und die Freiheit warten direkt vor der Tür und damit unzählige Möglichkeiten. Es gibt keine vermüllten und dreckigen Spielplätze, weil jeder darauf achtet, dass sein Zuhause gepflegt ist. Verschmutzt werden, wie allgemein bekannt, die Sachen anderer (öffentliche Toiletten, Bahnhöfe etc.), auf das eigene Hab und Gut wird deutlich besser geachtet. Während der Dreck in der Stadt mit Zigarettenstummeln und schlimmstenfalls Glassplittern versetzt ist, dürfte im Dorfdreck höchstens etwas Hundekot lauern. Keine Gefahr für die Kleinen.[24]

Außerdem gibt es auf dem Land viele Menschen, die neben Ihnen selbst ein Auge auf Ihre Kinder haben. Wie bereits beschrieben, kennen sich die Bewohner untereinander und wissen, welche Kinder zu welchem Nachbarn gehören. Deshalb ist es auch völlig egal, bei welchem Nachbarskind sich die Kids treffen, es wird immer ein Erwachsener ein Auge auf die Meute haben. Seien es die Erziehungsberechtigten des Gastgebers oder wieder andere Nachbarn. So ist es nicht unüblich, dass Dorfkinder in ihrer Spiellaune von Grundstück zu Grundstück, von Sportplatz zu Baumhaus oder vom Eislaufen auf dem See weiter zu den Nachbarsjungen ziehen. Auch ohne den genauen Aufenthaltsort Ihres Kindes zu kennen, werden Sie ein gutes Gefühl haben und sich keine Sorgen machen.

Eben weil die Dorfbewohner zusammenhalten, sich kennen, unterstützen und vor allem Fremde erkennen, ist es nicht ungewöhnlich, dass schon Grundschüler allein zur Schule gehen, etwas beim Bäcker kaufen oder allein mit dem Rad unterwegs sind. Für die Kleinen sind diese Freiheiten unbezahlbar, und sie lernen schon in jungen Jahren, selbstständig zu sein.

Eine Sache gibt es allerdings dennoch, die Sie ein wenig in Sorge um Ihre Kinder versetzen sollte. Wie so oft in den ländlichen Gegenden ist auch hier wieder eine Tradition dafür verantwortlich. Sollen Ihre Kinder konfirmiert werden (das ist die Aufnahme jugendlicher evangelischer Christen in die Gemeinde der Erwachsenen), müssen Sie ein Jahr vorher besonders auf die jungen Erwachsenen achten. Als Nachfolger auf die aktuellen Konfirmanden ziehen die größtenteils 13-Jährigen durchs Dorf und streuen Grünzeug, Sand oder Sägemehl. Von Konfirmand zu Konfirmand bis hin

zur Kirche legen die »Streulinge« so einen langen Weg zu Fuß und oftmals mit Handwagen zurück. So weit, so ungefährlich.

Allerdings gibt es bei jedem Konfirmanden als Dankeschön eine kleine Stärkung, nicht selten in Form von Likör. Wenn Ihre Kinder bis zu diesem Tag niemals mit Alkohol in Berührung gekommen sind, wird dieser Streifzug durchs Dorf ungeahnte, neue Erfahrungen mit sich bringen. Versuchen Sie es locker zu sehen, das nächste alkoholische Getränk gibt es frühestens zur eigenen Konfirmation.

Eine Tradition, bei der die Eltern oder ein Elternteil dagegen äußerst gern an der Seite ihrer Kleinen unterwegs sind, obwohl auch hier keine Aufsicht nötig wäre, ist die Fasching- und Karnevalszeit. In vielen Dörfern und auch Städten schwirren die Kids verkleidet in die Nachbarschaft aus, um »betteln« zu gehen. Dieses Ritual erinnert stark an Halloween, die Piraten, Monster, Superhelden und Prinzessinnen gehen ebenfalls von Tür zu Tür und erbetteln mit einem Spruch oder Vers Süßigkeiten, Münzen oder kleine Geschenke, »Süßes oder Saures« eben. Auf dem Land ist diese Tradition am Faschingsdienstag nicht nur bei den Kids äußerst beliebt, für die betreuenden Eltern, die den Weg mit ablaufen, springt nämlich an jeder Haustür ein Schnaps heraus. Am Ende des Tages genießen die Kleinen also auch hier keine wirkliche Aufsicht, aber das dürfte ihnen bei der großen Süßigkeitenausbeute auch herzlich egal sein.

WIESO IHRE KINDER NICHT EINSAM SEIN WERDEN

Durch das Aussterben der Dörfer und den Weggang junger Leute gab es in der Provinz immer weniger Kinder und junge Familien. Seit ein paar Jahren entwickelt sich dagegen der Trend, dass Familien und junge Paare, die Kinder haben möchten, zurück in ihre Dörfer gehen. Wer selbst auf dem Land aufgewachsen ist, kennt die

Vorteile einer funktionierenden Dorfgemeinschaft und weiß, dass einen diese Erfahrungen ein Leben lang prägen werden. Für viele ist eine Kindheit auf dem Dorf deshalb unbezahlbar. In Dörfern mit verschiedenen Altersgruppen und vor allem mit genügend jungen Rückkehrern entsteht für den Nachwuchs so ein soziales Paradies.

Wie auch ihre Eltern sind die meisten Dorfkinder kontaktfreudig und selbstbewusst, der Kontakt zu Gleichaltrigen ist ihnen deshalb sehr wichtig. Dabei spielt es keine Rolle, ob es sich um Nachbarskinder, die eigene Familie (Geschwister, Cousinen und Cousins) oder um neu zugezogene Kinder handelt. Wer offen ist für das Leben und Spielen auf dem Dorf, wird mit Kusshand aufgenommen. Um Kontakte zu schließen, müssen die Kids oftmals nur das Haus verlassen, denn vor der Tür spielt sich das Leben ab, und ganze Kindergruppen machen das Dorf unsicher. Dafür müssen sich die Kids nicht unbedingt verabreden oder einen Treffpunkt ausmachen, wer lang genug auf dem Dorf lebt, weiß, wo die anderen zu finden sind. In den Städten werden extra Räume wie Spielplätze und Spielhallen geschaffen, auf dem Land ist das ganze Dorf ein Spielplatz. Es gibt Felder und Wälder und damit unendlich viel Freiraum und Platz für Fantasie. Im Gartenhäuschen der Eltern nach spannenden Dingen suchen, am Bach Staudämme bauen, auf dem Dachboden des Großvaters historische Dinge bestaunen oder für das Fahrrad neue Cross-Strecken finden, alles ist möglich. Durch die großen Grundstücke und Häuser wartet in jeder Ecke ein neues Abenteuer. So lernen die Kinder früh, sich selbst zu beschäftigen, Dinge zu probieren, zu bauen und zu tüfteln.

Selbst wenn gerade keines der Nachbarskinder Zeit zum Spielen hat, wird Ihr Nachwuchs nicht einsam sein oder sich langweilen. Oftmals wohnt ein Großteil der Familie ebenfalls im Dorf, und der Weg zu den Großeltern ist nicht weit. Große Grundstücke und eigene Tiere bedeuten auch viel Arbeit, und auf dem Land ist es normal, dass schon die Kleinsten in Haus und Hof mithelfen müssen. Im Sommer auf der Couch liegen und Fernsehen schauen? Undenkbar! Wenn bei den Eltern oder Großeltern auch nur die Vermutung entsteht, dass sich der Spross langweilen könnte, wird direkt der Rasenmäher, die Mistgabel oder die Spülmaschine ins Spiel gebracht.

All diese Dinge funktionieren jedoch nicht, wenn das Gleichgewicht durch Wegzüge gestört wird und die Dörfer vergreisen und aussterben. Dort, wo keine Stadt in der Nähe ist, wo keine jungen Menschen geblieben sind, da wird auch keiner für die Familiengründung zurückkehren. Wenn sich das Gesicht des Dorfes so stark verändert hat, gibt es keinen Grund für werdende Eltern, mit ihren Kindern in ihre alte Heimat zu gehen. Abgelegene Orte sind nicht beliebt, Dörfer in Stadtnähe dafür umso mehr. Gerade dort sind die Zuzüge rasant angestiegen, die Mietpreise sind teilweise höher als direkt in der Stadt. Die Mischung aus entspanntem, naturnahem Dorfleben und kurzen Wegen direkt in die nächste Stadt ist der Wunsch vieler junger Familien. Für die kleinen abgelegenen Orte bedeutet dies allerdings den endgültigen Genickbruch. Um diesen Kreislauf zu durchbrechen, bleiben junge Menschen auch teilweise in ihren Dörfern und entscheiden sich so für ein Leben in der Provinz, lesen Sie nun mehr über ihre Gründe.

WARUM JUNGE MENSCHEN AUF DEM DORF BLEIBEN

Eine Kindheit in einer ländlichen Gegend kann ohne Zweifel sehr glücklich machen. Doch spätestens im Jugendalter zieht es die meisten jungen Erwachsenen zum Feiern, Lernen oder Arbeiten in größere Städte. Dennoch gibt es Dörfler, die ihr Dorf niemals verlassen, die kein Bedürfnis nach Abwechslung, Umzügen oder neuen Bekanntschaften haben.

Die Gründe, sich gegen das Weggehen zu entscheiden, sind oftmals die gleichen, die Jugendliche sonst in die Ferne ziehen. Durch einen verlockenden Job, die große Liebe oder die Familie kommt es für einige nicht infrage, ihrer ländlichen Heimat den Rücken zu kehren. Wer sich in der Provinz angekommen und wohlfühlt, muss außerdem erst einmal die eigene Bequemlichkeit überwinden. Warum sollten Sie sich einen stressigen Umzug antun, einen neuen Job in der Stadt antreten oder die große weite Welt erkunden, wenn Sie rundum glücklich in Ihrer Heimat sind?

Wer auf dem Dorf groß wird, hat oftmals bereits in jungen Jahren einen Namen dort, hat einen Platz eingenommen oder ist bekannt für besondere Fähigkeiten, Talente und Taten. Nur ungern verlassen Menschen einen Ort, an dem sie angesehen, geschätzt, gebraucht und akzeptiert sind oder sogar bewundert werden. Wenn schon die eigene Familie besonderes Ansehen im Heimatort genießt und ein junger Erwachsener auf dem besten Wege ist, daran anzuschließen, beispielsweise das Familienunternehmen zu übernehmen oder sich eine eigene Firma aufzubauen, was sollte ihn/sie dann veranlassen, das Dorf zu verlassen?

Nicht selten wird den jungen Dorfbewohnern außerdem das Grundstück und Haus der Eltern in Aussicht gestellt, oder der Grund und Boden ist groß genug, um sich den Traum von den eigenen vier Wänden direkt neben dem Elternhaus zu erfüllen. Es gibt keine explodierenden Grundstückspreise, genug Platz, keine böse Überraschung bei den Nachbarn und eine funktionierende Dorfgemeinschaft, weitere Gründe, um zu bleiben. Den Zusammenhalt in ländlichen Gegenden werden Sie weder in großen Konzernen noch in der Großstadt erleben. Wenn Sie allerdings in einer solchen familiären Gemeinschaft aufgewachsen sind, werden Sie dieses soziale Netz in der Stadt sehnlichst vermissen.

Schwer vorstellbar, dass Sie sich in großen Städten einsam fühlen werden, immerhin leben dort deutlich mehr Menschen auf engstem Raum zusammen. Gehen Sie jedoch in Berlin, München oder Hamburg durch die Straßen, wird Sie niemand grüßen und nur sehr wenige Leute werden Sie anlächeln, keiner wird das Gespräch mit

Ihnen suchen. Man kennt sich nicht, also macht jeder seins. Diese Menge an fremden Leuten kann erdrückend und beängstigend sein, volle U-Bahnen ein Graus. Wenn Sie weite Felder und Wiesen aus Ihrer Kindheit kennen, werden Sie sich auf Dauer im Dickicht der Großstadt unwohl fühlen. Natürlich gibt es auf dem Land weniger Auswahl, das einzige Café weit und breit muss genügen. Dort können Sie dann aber hinlaufen, müssen sich nicht durch den Großstadtdschungel kämpfen, der zwar deutlich mehr Auswahl bietet, aber eben auch mehr Menschen und volle Fortbewegungsmittel.

Die Ruhe und Sicherheit, die vor allem das Leben in ländlichen Gegenden prägen, veranlassen außerdem, in der Heimat zu bleiben. Früher war das Leben in kleinen Dörfern deutlich abgeschnittener als heute. Durch das Internet (wenn es funktioniert) beispielsweise verpassen Sie nichts um sich herum, können sich inspirieren lassen, kennen die angesagtesten Bands und können sich wie auch die Städter zu allen Themen dieser Welt belesen, um Ihren Horizont zu erweitern und weltoffen zu bleiben.

Bei überzeugten Dörflern ist es wie bei überzeugten Städtern, ein anderes Lebensmodell können sie sich einfach nicht vorstellen. Ihr Leben in der Provinz ist eine Herzensangelegenheit und vor allem selbst und bewusst gewählt. Was sagt Ihnen mehr zu?

WIESO EIN MEHRGENERATIONENHAUS VON VORTEIL IST

Emil sitzt mit seinen Großeltern am Frühstückstisch, es ist Freitag, aber in den Kindergarten muss er heute nicht. Weihnachten steht nämlich vor der Tür. An diesem Morgen plappert der Fünfjährige nicht so viel wie sonst, er sitzt unruhig auf seinem Stuhl und isst, so schnell er kann. »Warum schlingst du denn dein Brötchen so runter, Emil? Hast du noch Termine?«, fragt Oma Elke lachend. In diesem Moment platzt es aus Emil heraus, als hätte er nur darauf gewartet, dass endlich jemand nach seiner Tagesplanung fragt.

»Ich habe keine Zeit, ich muss heute Kurtl helfen, ich habe es ihm versprochen«, sagt er aufgeregt. Mit Kurtl ist sein Uropa Kurt gemeint, er ist über 80 und wohnt nur eine Etage über Oma Elke und Opa Ahni. Emil wohnt mit seinen Eltern noch eine Etage höher, aus dem Dachfenster kann er das ganze Dorf sehen.

»Was habt ihr zwei Männer denn vor?«, fragt Opa Ahni den gestressten Vorschüler. »Uropa Kurtl braucht meine Hilfe beim Schmücken vom Weihnachtsbaum, er kann doch nicht auf die Leiter steigen, weil er schon ein alter Opa ist«, sagt Emil. Alle lachen. Keine fünf Minuten später läuft der Kleine aufgeregt durch das Wohnzimmer seines Uropas und verteilt die Weihnachtsdeko. Als er die Krippe mit Maria und Josef aufbaut, wird er stutzig: »Wer sind die Leute und warum liegt das kleine Baby im Stroh bei der Kuh?« Mit seinen weit aufgerissenen rehbraunen Augen starrt er Opa Kurtl an, er weiß, dass dieser gleich eine tolle Geschichte erzählen wird. Keiner kann so gute Geschichten erzählen wie Opa Ahni und Uropa Kurtl, denkt er.

Während Kurt von der Weihnachtsgeschichte berichtet, sieht Emil aus dem Fenster, dicke Flocken fallen vom Himmel. Gerade wollen die Könige in der Erzählung Myrrhe und Gold bringen, da wird die Idylle von einem lauten Geräusch gestört. Es klingt wie ein Kratzen und kommt von draußen. Emil springt aufgeregt zurück zum Fenster und sieht Opa Ahni, er schippt Schnee. »Darf ich Opa Ahni helfen? Wir sind ja schon fertig«, ruft er mit flehenden Augen. Die Antwort seines Uropas kann er nicht mehr hören, er rennt die Treppe hinunter, springt in seine Wintersachen und ist schon vorm Haus.

Natürlich ist auch sein Papa Julio auf dem Hof und hilft, die Schneemassen zu beseitigen. Bei solch einem großen Grundstück müssen alle mithelfen. Als Emil dann auch noch seine Mama Mady mit seiner kleinen Schwester im Kinderwagen erblickt, quiekt er fröhlich: »Mama, es schneit, und ich habe Kurtl geholfen, und jetzt rette ich noch Opa Ahni.«

Während sich die Männer durch die Schneemassen kämpfen, kümmert sich Oma Elke um das Mittagessen, sie kocht für sieben Personen. Eine Stunde später sitzen alle beim Essen bei Oma Elke und Opa Ahni zusammen, schließlich muss das Weihnachtsfest geplant werden. Emil zieht genussvoll eine Spaghetti durch seine mit Ketchup verschmierten Lippen und fragt glücklich: »Ich darf heute bei Oma und Opa schlafen, stimmts?« Mama Mady antwortet: »Ja, das darfst du, Papa und ich gehen heute zur Weihnachtsfeier unserer Arbeit, deine kleine Schwester bleibt auch hier.« – »Vorher müssen wir uns aber noch um das Brennholz kümmern«, unterbricht Papa Julio das Gespräch. »Ja, der Weihnachtsmann soll ja nicht frieren, wenn er zu uns kommt«, lacht Emil.

Wenn vier Generationen unter einem Dach zusammen wohnen, bringt dies, wie die Geschichte zeigt, unendlich viele Vorteile. Natürlich bedeutet dies neben Arbeitsteilung, Unterstützung, Hilfe, Spaß und Verbundenheit aber auch Rücksichtnahme, Geduld, Toleranz, Respekt und manchmal sogar Aufopferung. Was wirklich alles dazugehört, lesen Sie im folgenden Text.

WARUM MEHRGENERATIONENHÄUSER ARBEIT BEDEUTEN

Viele kennen das Wort »Mehrgenerationenhaus« als Begegnungsort, an dem das Miteinander verschiedener Generationen aktiv gelebt wird. Dafür gibt es zahlreiche Angebote in den Städten, dort werden Jung und Alt zusammengeführt, helfen und unterhalten sich gegenseitig. Mehrgenerationenhäuser gibt es nahezu überall in Deutschland. Bundesweit nehmen rund 540 Häuser am Bundesprogramm Mehrgenerationenhaus teil.[25]

Auf den Dörfern sind Mehrgenerationenhäuser keine sozialen Einrichtungen, sondern übliche Lebensmodelle. Wer auf dem Land groß wird und bleibt, übernimmt nach deren Ableben oder bei Krankheit das Haus und Grundstück der Eltern. Nicht selten gehört zu einem Mehrgenerationenhaus ein großes Stück Land oder ein Bauernhof. Um ein derart großes Gelände (oftmals auch mit Tieren) zu bewirtschaften und es vor allem in Schuss zu halten, müssen alle Bewohner zusammenarbeiten. Anderenfalls verfallen Häuser in der ländlichen Gegend oft, wenn die nachfolgenden Generationen ihre Heimat verlassen oder sich gegen das Zusammenleben im Haus der Eltern oder Großeltern entschieden haben.

Besonders häufig sind 3-Generationen-Häuser (Eltern mit ihren Kindern und deren Kinder), doch auch 4-Genarationen-Häuser (von Uropa bis Urenkel) werden gelebt. Dafür braucht es natürlich äußerst viel Platz, Gesundheit und noch mehr Toleranz. Ein besseres Beispiel für den Spruch »Es ist ein Geben und Nehmen« lässt sich fast nicht finden. Alle Erleichterungen und jede Unterstützung, die die Bewohner eines Mehrgenerationenhauses von ihren Mitbewohnern erfahren, geben sie im gleichen Maße zurück, nur so funktioniert ein harmonisches Zusammenleben. Problematisch wird dies nur, wenn eine Generation aufgrund des Alters, Krankheit oder eines Unfalls nicht in der Lage ist, in vollem Umfang zurückzugeben. In diesem Fall kommt das Modell etwas aus dem Gleichgewicht, und die verbleibenden Generationen müssen deutlich mehr Aufwand betreiben, um alles am Laufen zu halten. Um besser zu verstehen, was damit gemeint ist, hier ein paar Beispiele, wie die Hilfe und Unterstützung in einem Mehrgenerationenhaus aussehen kann:

- Bewirtschaften des Hofes / Grundstückes
- Kindererziehung, Babysitten, Hausaufgabenhilfe, Verpflegung der Kinder
- Unterstützung bei technischen Fragen (TV, Computer, Smartphone)
- Einkaufen für den anderen und Fahrdienste

Bei all diesen Beispielen ist eine Generation dominant, und die restlichen Hausbewohner greifen unterstützend ein. Wollen die Eltern weggehen, passen die Großeltern auf die Kleinen auf. Will der Uropa eine E-Mail senden und bekommt es nicht hin, hilft ein Urenkel aus. Hat es geschneit und das Gelände muss von den Schneemassen befreit werden, schippen alle Generationen, beim Uropa und dem kleinen Urenkel ist der Haufen eben am Ende kleiner als beim Vater und Großvater, dennoch wurde Zeit gespart und der Zusammenhalt gefestigt. Neben all dieser Unterstützung im Alltag überwiegt natürlich der soziale Aspekt eines Mehrgenerationenhauses:

- die Jüngsten lernen Respekt und den Umgang mit dem Alter
- die Ältesten bleiben fit und werden durch die Enkel und Urenkel gefordert und gebraucht
- die Lebenserfahrung der Älteren wird an alle Generationen weitergeben
- die Kinder bauen eine ganz spezielle Bindung zu ihren Ur-/Großeltern auf

Natürlich gibt es auch Schattenseiten und Nachteile, die dieses Lebensmodell mit sich bringt:

- es ist nahezu unmöglich, sich in die eigenen vier Wänden zurückzuziehen
- Rücksicht, Geduld und Verständnis sind Grundvoraussetzungen
- Ratschläge werden nicht nur auf Nachfrage erteilt
- es ist nicht möglich, allein über das Aussehen von Haus und Hof zu bestimmen
- die Privatsphäre ist begrenzt

Geduld und Verständnis sind vor allem dann gefragt, wenn eine Generation durch Krankheit, Unfall oder altersbedingt komplett ausfällt. Damit verteilen sich nicht nur die bestehenden Aufgaben völlig neu, sondern es kommen noch deutlich zeitaufwendigere hinzu. Wird eine Generation beispielsweise pflegebedürftig, wird diese häufig weiterhin (mit Unterstützung von Fachpersonal) im Mehrgenerationenhaus gepflegt. Die jüngeren Generationen haben von der Weisheit und dem unermüdlichen Einsatz als Koch, Babysitter, Aufpasser, Lehrmeister, Vorbild von den »Alten« profitiert, jetzt sind sie mit Geben an der Reihe. Der Kreislauf eines Mehrgenerationenhauses: Die Jungen werden irgendwann die Alten sein.

WIESO EIN HOF EIN SCHWERES ERBE SEIN KANN

Je nach Region und je nach Jahreszahl gibt und gab es zahlreiche verschiedene Vorgehensweisen beim Vererben oder Übergeben des eigenen Hauses, Hofes, Vierseitenhofes oder Grundstückes an die eigenen Kinder. War es früher noch selbstverständlich, dass der Bauernhof in den Händen der Familie blieb und sogar der Betrieb durch die nachfolgende Generation mit Stolz und wie selbstverständlich weitergeführt wurde, sehen viele diese Verantwortung, Aufgabe und diese Übergabe mittlerweile eher als Last, und nicht selten führt die Aufteilung des eigenen Hab und Gutes zu erbitterten Familienstreitigkeiten.

Auch beim Thema Übernahme des Hofes oder Hauses gibt es in den meisten Dörfern ungeschriebene Gesetze, wem das Grundstück zusteht. Verschiedener könnten die historisch bedingten Regeln kaum sein. Bevorzugten es einige Bauern, ihren jüngsten Sohn mit der Übergabe des Hofes und dem dazugehörigen Betrieb zu beglücken, so wurde in anderen Familien immer der älteste Spross bedacht. Verglichen mit der Hierarchie in der Thronfolge, leuchtet die Regel zugunsten des Erstgeborenen ein. Hatte sich der Hofherr jedoch entschieden, seinem Jüngsten alles zu übergeben, so lag dies oft daran, dass er den Hof selbst möglichst lange bewirtschaften wollte und seine Kinder als Arbeitskräfte einsetzte. Als Selbstversorger waren die Gutsherren jahrzehntelang unabhängig gewesen, durch die Abgabe waren sie plötzlich auf den Erben angewiesen.

Noch schlimmer traf es die älteren Geschwister. Diese durften als Knechte und Mägde auf dem Hof des Jüngsten bleiben. Wenn sie mit dieser Aufgabe und Zuordnung nicht zufrieden waren, blieb ihnen nur noch die Flucht vom Hof, hinaus in die Welt.[26]

Eine Ansicht und Regelung, die sich dagegen durch alle Regionen zieht und die sich als am sinnvollsten bewährt hat, ist die Tatsache, dass der Hof an ein Kind überschrieben wird, auch wenn eventuell fünf weitere Sprösslinge lange Gesichter machen. Um diesen Unmut etwas zu lindern und einen wahren Familienkrieg zwischen den Geschwistern zu umgehen, bleiben oft wenige Möglichkeiten. Eine Auszahlung der benachteiligten Kinder ist oftmals rein finanziell nicht möglich. Dennoch kommt es überraschend selten zu einem großen Streit, denn heutzutage schlagen sich die wenigsten Nachkömmlinge um das Erbe eines Bauernhofes.

Beim Betrachten der harten Fakten wird schnell klar, dass hinter der romantischen Vorstellung eines eigenen Vierseitenhofes mit Tieren ein finanzielles Risiko, schmutzige Hände, viel Arbeit und unzählig viele versteckte Aufgaben stecken. Oftmals befinden sich die ehemaligen Ställe in einem schlechten Zustand, da diese nicht mehr betrieblich genutzt werden. Statt eines Hauses müssen gleich vier Häuser erhalten, saniert und umgebaut werden. Der eigentliche materielle Wert dieser alten Bauerngüter in einem abgelegenen Dorf ist ein Witz gegenüber den Kosten, die dem Besitzer durch die Instandhaltung entstehen. Oftmals sind die Geschwister froh, dass sie bei der Übernahme leer ausgegangen sind, wenn sie sehen, wie viel Arbeit und privates Vermögen in das Grundstück fließen.

Um diese Grundstücke auf dem Dorf dennoch wieder attraktiver zu machen, locken Förderprogramme, die eine Sanierung stemmbar machen sollen. Die Kosten eines Hofes mit Mietern zu decken, ist eine gute Idee, aber schwierig, wenn das Heimatdorf am Ende der Welt liegt und damit von Zuzügen befreit ist. Ebenso sind den

Bauherren oftmals durch den Denkmalschutz die Hände gebunden, nicht jeder darf beim Umbau des Vierseitenhofes frei bestimmen. Einfach zwei Gebäude wegreißen, die nicht genutzt werden, ist somit nicht ohne Weiteres möglich. Während manche Erben beim Umbau und der Sanierung des elterlichen Hofes aufblühen, verzweifeln viele an jahrelangen Bauarbeiten. Das Erbe anzutreten, nur, um den Eltern einen Gefallen zu tun, sollte keine Option sein. Nicht jedermann möchte Land und Boden, und nicht jedermann kann sich ein Leben auf einer Baustelle vorstellen, diese Entscheidung muss ganz bewusst getroffen werden.

Neben dem finanziellen Druck bringt ein großes Grundstück auch Arbeiten mit sich, die Sie nur einschätzen können, wenn Sie ähnlich aufgewachsen sind. Bäume, die säckeweise Laub verlieren. Grasflächen, welche stundenlange Mäharbeiten oder meterhohe Heuberge mit sich bringen. Es gibt tonnenweise Schnee zu räumen, damit der Hof und dessen Wege auch im Winter gefahrenlos begehbar sind. Selbst ohne einen bäuerlichen Betrieb oder das Halten von Tieren bleiben diese Arbeiten nicht aus.

Die Zeiten haben sich geändert, und mittlerweile gehen die wenigsten Guts- und Landbesitzer davon aus, dass ihre Kinder den Hof übernehmen. Der Druck und die Erwartungen haben nachgelassen. Ein weiterer Grund, warum eine solche Übernahme des elterlichen Hofes gut überdacht sein muss, sind die Nachbarn. Die Eltern haben häufig, selbst nach einer Übernahme, lebenslanges Wohnrecht und sind damit der direkte Nachbar. Schön, aber man muss es mögen. Wenn dann auf der anderen Seite des Vierseitenhofes auch noch der ungeliebte Bruder einzieht und gegenüber die streitsüchtige 100-jährige Oma wohnt, gute Nacht.

Im schlimmsten Fall führen ewige Familienstreite dazu, dass die historischen Bauernhöfe verfallen oder versteigert werden, wenn es zu keiner Übergabe kommt oder sich die potenziellen Erben nicht einigen können. Manchmal sind daran sogar die Gutsbesitzer selbst schuld, die mit der Übergabe ihres Hofes so lang warten, bis alle

Kinder aus dem Haus sind und sich keiner mehr für das Grundstück, Haus oder den Hof interessiert. Es ist nicht immer leicht, loszulassen, das gilt sowohl für die alten Bauern als auch für deren Kinder. Diese müssen Mut beweisen, wenn sie sich gegen den Hof der Eltern, Großeltern und Urgroßeltern entscheiden, aber noch mehr Mut brauchen sie, wenn sie das Erbe antreten.

5. KAPITEL

SONDERREGELN UND TOLERANZ

WARUM KEINER DEN NAMEN IHRES DORFES KENNT

Nina ist zurück in ihrer Heimat, sie hat sich gegen ein Leben in der Stadt entschieden. Alles, was sie früher am Dorf gehasst hat, hat sie in Berlin plötzlich vermisst. Für ein paar Jahre konnte sie diese andere Welt, in einer großen Stadt, genießen. Sie hat es geliebt, zu sagen: »Ich bin Nina, ich lebe in Berlin.« Damit konnte immer jeder gleich etwas anfangen, Berlin eben. Ganz anders lief es während ihrer Kindheit und Jugend, wenn sie auf die Frage antwortete, wo sie lebe: »Ich komme aus Heukewalde«, nachdenkliches Schweigen beim Gegenüber, »ein kleines Dorf bei Thonhausen, bei Schmölln oder Gera?« Die Fragezeichen bei ihren Gesprächspartnern wurden eher größer als kleiner. Meist sagte Nina nur noch: »Ich komme aus einem kleinen Dorf in Thüringen«, nur so konnte sie sich peinliche Gesprächspausen und ratlose Gesichter ersparen. Wie leicht war das in Berlin, dort kennen die meisten Leute sogar die verschiedenen Stadtteile und Bezirke.

Wenn die Berliner dann tatsächlich grob verstanden hatten, wo Nina herkam, oder zumindest so taten, war natürlich das Gesprächsthema Nummer eins das Leben auf dem Dorf. Am Anfang hat ihr diese Aufmerksamkeit gefallen, wie sie ihrem besten Freund Daniel berichtet. Nach kürzester Zeit allerdings haben sie die Vorurteile und Fragen schrecklich genervt.

»Ich habe in Berlin irgendwann gar nicht mehr gesagt, dass ich in einer 300-Seelen-Gemeinde aufgewachsen bin. Sogar in der großen, bunten und toleranten Großstadt kannst du damit die Menschen aus der Fassung bringen.« Daniel lacht und fragt: »Wie meinst du das?« Nina verfällt in einen Redeschwall und berichtet: »Jeder, der wusste, dass ich vom Dorf komme, hat automatisch gedacht, meine Eltern wären Bauern, ich könne Kühe melken und Traktor fahren. Dass ich nach meinem Realschulabschluss Abitur gemacht habe, statt den Bauernhof meiner Eltern zu übernehmen, war für meine

Freunde dort Revolution pur. Wenn du glaubst, nur Dörfler sind voller Vorurteile gegenüber Städtern, sind teilweise intolerant und in ihrer kleinen Welt auf dem Land gefangen, dann höre dich mal in Großstädten um. Die Meinungen und Vorstellungen dort über das Leben auf dem Land und vor allem über die Menschen vom Dorf sind äußerst belustigend.« – »Das hätte ich nie gedacht«, sagt Daniel überrascht.

Als Nina vor sieben Jahren ihre Heimat für das Studium verließ, freute sie sich auf ein anonymeres Leben mit mehr Freiheiten. In ihrem Dorf war sie immer »das Mädchen mit den bunten Haaren«, ihre blauen Strähnen waren über Monate Gesprächsthema Nummer eins in Heukewalde. Den Spitznamen trägt sie bis heute, obwohl sie mittlerweile völlig ohne Tönung durch ihr Dorf spaziert. In Berlin hat sich keiner für ihre Frisur interessiert, aber sie hat auch nur einen kleinen Freundeskreis gefunden, der sich für sie und ihr Leben interessiert hat. Rasche Bekanntschaften und Small Talk gab es ohne Ende, aber nichts Tiefgründiges. Die herbeigesehnte Anonymität, ein Leben ohne den wachsamen Nachbarn am Gartenzaun, hat sie nicht glücklich gemacht. »Ich möchte wieder ein Teil der großen Dorfgemeinschaft sein, möchte die sinnlosen, ungeschriebenen Gesetze einhalten und möchte riechen können, wenn auf den Feldern Gülle gefahren wird«, lacht Nina und lächelt Daniel an.

Für alle Erfahrungen auf dem Land und in der Stadt ist Nina dankbar, sie möchte keinen ihrer bisherigen Lebensabschnitte missen. Vorurteile und skurrile Vorstellungen über das Leben der anderen gab es sowohl in der Stadt als auch auf dem Land. »Für mich ist das völlig normal«, sagt Nina zu Daniel. »Woher soll man denn wissen, wie das Leben an einem anderen Ort ist, wenn man es selbst nie ausprobiert hat?« Daniel stimmt zu und sagt: »Richtig, eine Meinung oder Vorstellung hat man natürlich dennoch. Aus Erzählungen, dem Fernsehen oder dem Internet baut man sich im Kopf ein Bild zusammen.«

Für eine Sache ist Nina allerdings besonders dankbar und erleichtert: dass sie ihre große Liebe in Berlin gefunden hat. Chris zieht in wenigen Wochen zu ihr aufs Land. Vermutlich wäre es in der Heimat äußerst schwierig geworden, einen Partner zu finden, wie das nächste Kapitel genauer beschreibt.

WIESO SIE IHREN PARTNER AUSSERHALB DES DORFES SUCHEN ODER MITBRINGEN SOLLTEN

Wer seit seiner Geburt auf dem Dorf lebt und dieses auch bis zum Jugend- oder Erwachsenenalter nicht verlässt, hat nicht unzählig viele Chancen, den Partner fürs Leben zu treffen. Natürlich gibt es auf den meisten Dörfern Internet, und die sozialen Medien werden von den Dorfbewohnern genauso genutzt wie von Städtern, aber wie geht es weiter, wenn man über eine Dating App den vermeintlichen Herzensmenschen gefunden hat?

Bei *Bauer sucht Frau* sieht es oftmals sehr einfach aus. Die attraktive Großstädterin kommt zum Kuhbauern, freut sich über die Kälbchen und verliebt sich in den Hofherrn, schließlich ist der noch ein richtiger Mann und kann ordentlich anpacken. Also packt die Auserwählte ihre Sachen, schließt ihr Kosmetikstudio und zieht zu ihrem Herzensbauern aufs Land, schließlich hat sie sich in der Natur schon immer sehr wohlgefühlt. Im wahren Leben ist es deutlich schwerer, einen Menschen im besten Alter, mit beruflichen Ambitionen und ohne jede Kenntnis über die Gepflogenheiten auf dem Dorf zu überzeugen, für die Liebe aufs Land zu ziehen. Sicher ist ein Neustart mit beruflicher Neuorientierung auch in Städten ein großer Schritt und eine Überwindung, aber der Arbeitsmarkt hat dort deutlich mehr zu bieten.

Eine andere Möglichkeit und ein absolut gängiges Beziehungsmodell ist es, die Liebe des Lebens in jungen Jahren im Nachbardorf

oder der direkten Nachbarschaft zu finden und diese dann auch ein Leben lang zu behalten. Doch genau da beginnt das Problem. Wie überall auf der Welt schafft es die erste große Liebe meist nicht bis vor den Traualtar. Mit 14 kennengelernt, zehn Jahre großes Glück, und dann wird sich doch noch getrennt. Auf dem Dorf bedeutet das, dass Ihr nächster Partner mit ziemlich hoher Wahrscheinlichkeit ein Kumpel von Ihnen ist, ein Ex-Partner Ihrer Freunde oder ein ehemaliger Mitschüler.

Die Welt kann erschreckend klein sein. Natürlich möchte keiner einen Partner, der schon mit der halben Nachbarschaft oder mit einem Großteil des Freundeskreises liiert war. Wie Sie bereits wissen, lässt sich auf dem Dorf nichts verheimlichen, Ihre Mitmenschen kennen daher Ihre Verflossenen und die der anderen.

Um diesem Problem aus dem Weg zu gehen, ist es sicher ratsam, sich außerhalb des eigenen Dorfes umzuschauen. Die damit verbundenen Schwierigkeiten wurden allerdings bereits erläutert. Das fehlende Nachtleben macht es nicht leichter, über den Tellerrand des Dorfes hinauszusehen und auf Beutezug zu gehen. Es ist schwierig, überhaupt neue Bekanntschaften zu machen. Deshalb gibt es, wie auch in den Städten, in jedem Dorf den ewigen Junggesellen. Der einzige Unterschied ist dabei, dass in der ländlichen Idylle jeder weiß, wer es ist. Ein Opfer des allgemeinen Dorftratsches ist der Eigenbrötler damit auf jeden Fall, aber davon bleibt ja sowieso keiner verschont. Manchmal ist die Anonymität in Städten sicher doch angenehm, vor allem bei Herzensdingen.

Warum Wirtschaftswege praktisch, aber illegal sind

Wo Felder und Wälder sind, sind Wirtschaftswege (auch Ökowege genannt) nicht weit. Dazu zählen neben den Feldwegen auch Wald- und Wasserwirtschaftswege. Der große Vorteil dieser oftmals schmalen Straßen ist die direkte Verbindung zweier Dörfer, dies bedeutet kurze Wege. Wer sich also in der ländlichen Gegend auskennt, kann diese Wege nutzen, um schneller ans Ziel zu gelangen, theoretisch.

Praktisch werden diese Straßen überwiegend von der Landwirtschaft genutzt. Wenn Sie also ein Verbotsschild für Pkw und Motorräder sehen und darunter steht »Landwirtschaftlicher Verkehr frei«, dann können Sie sich sicher sein, dass sie dabei sind, verbotenerweise auf einen Wirtschaftsweg zu fahren. Die einzige Möglichkeit, den Weg dennoch nutzen zu dürfen, wäre der Zusatz: »Anlieger frei«, dafür müssen Sie aber natürlich auch Anlieger sein. Nicht alle Dörfler und ihre Gäste lassen sich von diesen Verbotsschildern abschrecken, die Verführung, schneller nach Haus oder an sein Ziel zu kommen, ist einfach zu groß, aber seien Sie gewarnt: Nicht selten steht die Polizei an diesen Wegen. Wenn Sie das Bußgeld zwischen 20 und 40 Euro nicht stört, gibt es dennoch weitere Gründe, warum der längere Weg auf einer offiziellen Straße eventuell die bessere Wahl ist.

Auf den Ökowegen gibt es erstaunlich wenige Ausweichbuchten. Wenn Ihnen also im falschen Moment ein Traktor entgegenkommt, dürften Sie ganz schön ins Schwitzen kommen. Sie haben dann genau zwei Möglichkeiten, denn feststeht, dass der Traktorfahrer nicht ausweichen wird. Sie können rückwärtsfahren bis zur nächsten Ausweichbucht, oder Sie fahren mit Ihrem Pkw in die Wiese neben der Straße, mit Graben, Schlamm und allem, was dazugehört.

Kommt es zu einem solchen Szenario, können Sie die erhoffte Zeitersparnis sicher vergessen, wegen der Sie ja diesen verbotenen Weg gewählt haben. Wenn Sie dann noch an den falschen Bauern geraten, können Sie sich auch noch eine Standpauke zum Nutzen von Wirtschaftswegen anhören. Spätestens jetzt werden Sie sich wünschen, den anderen Weg nach Hause genommen zu haben. Der zweite Grund, die »offizielle Route« zu wählen, ist Ihr Gewissen. In jeder Sekunde, in der Sie den Wirtschaftsweg verbotenerweise befahren, werden Sie schwitzen, aus Angst vor der Polizei oder dem Bauern mit seiner Mistgabel. Als dritter Grund sollte vielleicht noch angegeben werden, dass es rechts- und verkehrswidrig ist, wenn Sie einen Ökoweg, der ausschließlich für die Nutzung durch Landfahrzeuge gekennzeichnet ist, aus Bequemlichkeit befahren.

Um die Daseinsberechtigung dieser Wirtschaftswege zu verstehen, hilft ein Ausflug in die Vergangenheit. Vor 50 Jahren waren diese noch Feldwege und mit gesammelten Steinen vom Feld aufgeschüttet, rechts und links waren die Fahrspuren der Pferdewagen zu sehen, in der Mitte verlief ein grüner Grasstreifen. Die damaligen Wege fügten sich perfekt in die Natur ein und waren damit deutlich idyllischer als die heutigen Wirtschaftswege. Lebten damals noch eine Vielzahl von Wald- und Wiesentieren auf und in der Nähe der Feldwege, ziehen sich die Tiere mittlerweile eher zurück. Ein Großteil der Ökowege ist nämlich voll asphaltiert, oder es werden Rasengitterplatten verlegt, nicht sehr natürlich.

Damals wurden die Bauerngüter noch durch Feldwege voneinander getrennt. Durch die Umstellung auf Traktoren und die damit verbundenen größeren Felder verschwanden diese Feldwege und der Zugang der Bauern zu ihrer Ernte. Deshalb wurden Wirtschaftswege angelegt, um diesen Zugang wieder zu gewährleisten. Diese Straßen waren besser ausgebaut, und dafür verschwanden immer mehr Feldwege. Auch weiterhin entstehen neue Ökowege beim Bau von großen Straßen, die ebenfalls die Zufahrt von landwirtschaftlichen Fahrzeugen beeinflussen können, und auch öffentliche Straßen können zu Wirtschaftswegen umfunktioniert werden, wenn der Träger die finanzielle Last nicht mehr tragen kann/will. Ein positiver Nebeneffekt der wenig befahrenen Wirtschaftsstraßen ist übrigens die Tatsache, dass sie dort hervorragend ein erstes Date planen oder Ihre Affäre treffen können, der Traktorfahrer wird schon dichthalten.

WIESO SCHLECHTE WITZE KEINE MANGELWARE SIND

Schlechte Sprüche und Witze gibt es überall und wie Sand am Meer. Vor keinem Thema, Beruf, Herkunftsland, Geschlecht und auch vor keiner Glaubensrichtung oder Überzeugung wird dabei haltgemacht. Natürlich werden auch die Dörfler nicht verschont. So markant und besonders, wie vor allem Menschen vom Dorf sind, lässt sich hervorragend über sie und ihr ursprüngliches Leben scherzen.

Sie haben mittlerweile die Hälfte des Buches geschafft, es ist Zeit, das Thema Dorf ein wenig von der humoristischen Seite zu betrachten:

»Wer glaubt, der Überwachungsstaat sei eine Erfindung des digitalen Zeitalters, hat nie auf dem Dorf gelebt.«

»Der Holger von nebenan ist doch nett. Und ledig!«
»Oma, der ist schwul!«
»Ach Quatsch, das würde sein Vater nie erlauben!«
Willkommen aufm Dorf.

»Dass ich vom Dorf komme, merkt man daran, dass ich Menschen in der Stadt oft noch freundlich anschaue. Die denken dann immer, ich bin irre.«

Großstadt
»Fuck, der nächste Bus kommt erst in sechs Minuten«
Kleinstadt
»Okay, in 30 Minuten kommt der nächste.«
Dorf
»Juhuu, heute fährt noch einer!«

»Aufm Dorf.
Wo es kein Problem ist, an Heroin zu kommen, aber wehe, du brauchst so was Exotisches wie ’ne Dose Kichererbsen.«

»Auf dem Dorf wohnen ist klasse. Die Nachbarin will sich Mehl borgen und geht zwei Stunden später besoffen ’ne Hausnummer weiter. Ohne Mehl.«

»Sie haben Sohn und Tochter. Toll, ein richtiges Pärchen.«
Langsam verstehe ich, warum hier auf dem Dorf alle den gleichen Nachnamen haben.[27]

Erzählen sich die Dorfbewohner diese Sprüche untereinander, können sie sicher das ein oder andere Mal schmunzeln. Auch mit einem schlagfertigen Kommentar oder derben Spruch können Sie jederzeit rechnen. Eventuell sollten Sie jedoch derartige Witze nicht am ersten Abend in Ihrer neuen Heimat auf dem Land auspacken. Bei Dörflern ist es nämlich wie bei Städtern: Humor ist Geschmackssache, aber die Landeier haben die Mistgabeln.

WARUM SIE NICHT »MAL SCHNELL NOCH WAS EINKAUFEN« KÖNNEN

Noch vor ein paar Jahren hat zu einem funktionierenden Dorfleben der Bäcker um die Ecke, die Metzgerei gegenüber und die Apotheke gleich nebenan gehört. In nahezu jeder Ortschaft gab es mindestens eine Kneipe, Gaststätte oder Restaurant, der Konsum und Gemischtwarenladen die Straße hinauf hatten alles, was das Herz begehrt. Diese Zeiten sind vorbei. Das Ladensterben auf dem Land nimmt ungeahnte Züge an, selbst kleine Städte sind davon betroffen. In fast jeder dritten Kommune gibt es mittlerweile kein Lebensmittelgeschäft, Postfilialen oder andere Geschäfte mehr, Tendenz steigend.[28] Stattdessen boomen die Discounter am Ortsrand oder in den Nachbarstädten.

Für jede noch so kleine Besorgung sind Sie auf Ihr Auto angewiesen. Natürlich können Sie auch die wenigen Buslinien nutzen. Wie lang Sie dann aber auf den richtigen Bus warten können, lesen Sie auf Seite 24. Und wer will schon mit prall gefühlten Einkaufstüten voller Lebensmittel und einem Rucksack mit Getränken kilometerweit bis zur nächsten Haltestelle laufen? Für ein richtiges Shopping-Erlebnis werden weder der Besuch des Nachbardorfes noch die nächstgrößere Stadt ausreichen. Dafür müssen Sie mindestens eine Autofahrt von 30 Minuten einplanen. Alles, was über Lebensmittel hinausgeht und Ihrem Geschmack entsprechen soll, werden Sie vermutlich erst in der nächsten Großstadt finden.

Natürlich können Sie die Problemchen beim Einkaufen als Luxusproblem abtun, und sicher werden Sie sich auch daran gewöhnen, dass Sie Ihre Besorgungen einigermaßen planen sollten. Aber der Zeitverlust summiert sich, und je unpassender die Extrakilometer für Ihren Zeitplan sind, umso mehr werden Sie die Abgeschiedenheit verfluchen. Wie verhindern Sie es, dass Sie für ein Stück Butter noch einmal ins Auto steigen müssen und sich das Abendessen um 45 Minuten nach hinten verschiebt? Ihr Joker bleibt, wie so oft, das ausgezeichnete Verhältnis zu Ihren Nachbarn. Statt den Wagen erneut aus der Garage zu fahren und sich nach Feierabend in den Einkaufsstress zu stürzen, können Sie die fehlende Butter oder was auch immer ebenso beim Nachbarn leihen. Diesen Bonus sollten Sie aber natürlich nicht überstrapazieren.

Eine weitere Option wäre es, auswärts essen zu gehen, dort sind Sie nicht darauf angewiesen, alle Zutaten Ihres Rezeptes eingekauft zu haben. Ins Auto müssen Sie trotzdem, denn auch Fastfood, Schnellrestaurants, 4-Sterne-Restaurants und »All you can eat«-Sushi-Buffets werden Sie auf dem Land nicht finden.

Ausgerechnet zum Kindergeburtstag Ihres Jüngsten fällt das Laserschwert oder die batteriebetriebene Discokugel aus? Die Tankstelle um die Ecke wird weit genug weg sein, dass Sie mit dem Auto losfahren müssen, an ein Elektronikfachgeschäft ist gar nicht zu denken. Also Motor an und los? Wer lässt schon gern 15 Achtjährige allein in der Wohnung? Dann sind die Laser eben heute aus und die Gesichter der Kids lang.

Aber keine Angst, es gibt auch zwei Vorteile, die die Abgeschiedenheit und das Ladensterben mit sich bringen: Sie werden lernen, dass Sie aus Ihren Kühlschrankresten hervorragende Menüs zaubern können. Bevor Sie nach einem harten Arbeitstag und dem anschließenden Einkauf noch einmal losfahren, weil Sie den Pizzateig für die Pizza vergessen haben, werden Sie sich den Belag der Pizza auf eine Scheibe Brot legen oder eine Fertigpizza aus der Kühltruhe aufbacken. Das können Sie sich nicht vorstellen? Dann warten Sie mal ab, bis Sie in dieser Situation sind. Not macht erfinderisch, und Reste machen satt.

Der zweite Vorteil ist, dass es in den ländlichen Gegenden keine Staus gibt. Wenn Sie also einkaufen fahren, müssen Sie nicht damit rechnen, dass Sie wie in manchen Großstädten eine halbe Stunde Fahrzeit pro Kilometer brauchen. Wenn es zu einer Verzögerung im Straßenverkehr kommt, dann sicher nur, weil sich eine Kuh verirrt hat oder Bauer Heinz mit seinem Traktor vor Ihnen fährt.

WELCHE ROLLE MOBILE HÄNDLER UND ONLINE-EINKÄUFE SPIELEN

In Großstädten wächst der Online-Markt für Lebensmittelbestellungen rasant. Sie sitzen an Ihrem Arbeitsplatz, und Ihnen fällt ein, dass im Kühlschrank zu Hause gähnende Leere herrscht und Ihre Freunde heute Abend zu Besuch kommen? Kein Problem, mit ein paar Klicks können Sie auf das volle Sortiment Ihres Wunschsupermarktes zugreifen, und innerhalb einer Stunde stehen die gefüllten Tüten vor Ihrer Wohnungstür.

Dieser Service wäre natürlich auf dem Land Gold wert und würde bedeuten, dass Sie eben nicht, wie im letzten Text beschrieben, nach der Arbeit noch einmal ins Auto steigen müssen, um Lebensmittel einzukaufen. Es gibt allerdings einen Haken, je ländlicher Sie leben, umso größer ist die Gefahr, diesen Hinweis zu erhalten: »Der Lieferservice ist unter Ihrer Postleitzahl leider nicht verfügbar.«

Wenn Ihr Computer überraschenderweise einen Service findet, der auch zu Ihnen aufs Dorf liefert, dann freuen Sie sich nicht zu früh. Eine Wartezeit von zwei Tagen wird für Ihre gewünschten Produkte angegeben. Genau aus diesem Grund dürfen Sie auch nicht auf die volle Produktpalette zugreifen. Wer möchte schon Erdbeeren, Butter und Eier, die in einem Paket mit der Post nach zwei Tagen ohne Kühlung ankommen? Für eine Bestellung aus dem Trockensortiment und ohne Zeitdruck finden Sie auch auf dem Dorf einen Lieferservice, allerdings wird wieder nichts aus einem spontanen Einkauf ohne Aufwand.

Immer mehr Menschen nutzen Apps oder einen Lieferservice, um nicht nur Fertiggerichte, sondern auch ihre Wocheneinkäufe nach Hause liefern zu lassen. Davon profitieren auch altbekannte Firmen mit Tiefkühlkost, Käse, Fleisch oder Brot, die mit ihren vollbepackten Lieferwagen über die Dörfer tingeln und direkt vor Ort ihre Waren anbieten. Dabei kommen die mobilen Händler immer am gleichen Wochentag und zur gleichen Zeit an ihren Standort im Dorf. Über die Jahre hinweg wissen die Dörfler natürlich, wann welches Lieferauto vorfährt und wo die jeweiligen Haltestellen sind. Mittlerweile kann sich auch jeder problemlos online über die Produktpalette informieren und weiß somit genau, welche Auswahl am Wagen auf ihn wartet. Nach einer viertel bis halben Stunde und je nach Kundenansturm fahren die Lebensmittelwagen dann weiter.

Auch für die ältere Bevölkerung werden mobile Lebensmitteldienste immer wichtiger. Durch die fehlende Mobilität und den Wegzug der Familien ist diese auf derartige Dienstleistungen angewiesen. Besonders interessant dürfte auch das Angebot von rollenden Arztpraxen und Banken sein, diese Modelle sind aber im Moment noch kaum verbreitet, die Nachfrage ist allerdings enorm.

Unverkennbar sind die verschiedenen Melodien der Lieferwagen, damit kündigen die Lieferanten bei potenziellen Kunden ihre Ankunft an. Wer kennt es nicht aus seiner Kindheit, das Glockenspiel des Eismannes. Sobald dieses im Sommer ertönt, stürmen Alt und Jung aus ihren Häusern und Gärten, um rechtzeitig beim Eiswagen zu sein. Doch nicht nur im Sommer erleben die mobilen Händler einen wahren Ansturm. Vor allem in den ländlichen Regionen wächst die Nachfrage stetig.[29]

WELCHE VORURTEILE ES GEGEN DÖRFLER GIBT

Natürlich gibt es überall und zu allen Personengruppen Vorurteile, dabei überwiegen meist die negativen Aspekte. So haben auch Städter und Dörfler eine ganz eigene Meinung voneinander. Doch wie der Volksmund so schön sagt: »An jedem Gerücht ist ein kleines Stückchen Wahrheit«, so ist es manchmal auch bei Vorurteilen. Räumen wir doch mit ein paar von diesen auf:

Dörfler haben weniger Kontakt zu Ausländern.

Stimmt. Je größer die Gemeinde, desto mehr Einwohner berichten, dass sie Ausländer in ihrem Freundes- und Bekanntenkreis haben. Das ist jedoch keine Frage der Einstellung, sondern der Umstände. In abgelegenen, kleinen Dörfern kommen die Bewohner gar nicht mit Ausländern in Kontakt. Besonders in Gegenden mit besonders hohem Ausländeranteil fühlen sich die Anwohner nicht überall sicher, auf den Dörfern ist dieses Problem kaum vertreten. Jedoch ist die Akzeptanz gegenüber anderen Religionen und Kulturen in den Städten noch immer größer als auf dem Land.

Menschen auf dem Dorf sind glücklicher.

Stimmt nicht. Vom Dorf bis hin zur Metropole bezeichnen sich etwa gleich viele Menschen als zufrieden. Oft wird das Leben auf dem Dorf mit Ruhe, Natur und mit Berichten aus Hochglanzmagazinen verglichen, die Realität ist eine andere. Für einen Bauern kann das Landleben mittlerweile Existenzkampf bedeuten, und nicht jeder ist immer glücklich mit der Abgeschiedenheit auf dem Dorf.

Auf dem Land gehört die Frau hinter den Herd.

Stimmt nicht. Die Zeiten ändern sich glücklicherweise auch in der Provinz. Mittlerweile halten sich die berufstätigen Frauen in Dörfern und Städten die Waage. Außerdem sind überall in Deutschland mehr Männer als Frauen vollzeitberufstätig, und überall übernehmen die Frauen noch immer den Löwenanteil bei der Kindererziehung.[30]

Natürlich gibt es auch zahlreiche Behauptungen, die weder zweifelsfrei widerlegt noch belegt werden können, weil eben Menschen verschieden sind und nicht alles auf jeden zutrifft. Sie zu nennen, macht dennoch Spaß:

- Dörfler sind engstirnige Bauern.
- Dörfler haben eine Dauerwelle, einen Schnurrbart oder Pferdeschwanz.
- Dörfler sind hilfsbereiter als Städter.
- Dörfler haben komische Spitznamen.
- Dörfler sprechen mehr Dialekt als Städter.

- Dörfler vertragen mehr Alkohol.
- Dörfler halten stärker zusammen.
- Dörfler wissen nicht, was vegetarisch und vegan ist.
- Dörfler sind handwerklich begabt.[31]

Natürlich sind einige dieser Vorurteile mit einem Augenzwinkern zu sehen, und wie überall auf der Welt sind auch die Menschen auf dem Dorf sehr vielfältig und verschieden und können damit nicht alle über einen Kamm geschert werden. Fest steht aber auch, dass sich die Dörfler nichts gefallen lassen und es mindestens genauso viele Vorurteile über Städter gibt.

WELCHE VORURTEILE ES GEGEN STÄDTER GIBT

Natürlich gibt es auch zahlreiche Verhaltensweisen, Ansichten und Schwächen, die den Städtern zur Last gelegt werden. Äußert sich ein Dörfler zu Menschen aus der Stadt, beteuert er kurz seine Toleranz und Weitsicht und zählt dann eine vielseitige Liste voller Vorurteile auf.

Städter sind nicht so gesellig wie Menschen vom Dorf.

Stimmt nicht. Da auf den Dörfern der Zusammenhalt und die Gemeinschaft ständig im Fokus stehen, gehen die meisten auch davon aus, dass die Dörfler die geselligeren Menschen sind. Jedoch stimmt diese Vermutung nicht. Städter treffen sich häufiger mit Freunden, der Familie oder Verwandten. Ein Grund dafür ist sicher die Tatsache, dass viele Dörfler mit großen Teilen der Familie zusammenwohnen, die Freunde in direkter Nachbarschaft leben. Damit sind nicht zwingend Treffen notwendig, um sich zu sehen. Für die Städter sind die sozialen Kontakte natürlich besonders wichtig, weil die Anonymität in den Städten deutlich höher ist als in ländlichen Gegenden.

Städter haben häufiger im Ausland gelebt.

Stimmt. Diese Behauptung ist tatsächlich wahr. Mit ansteigender Größe der Stadt steigt auch die Anzahl der Einwohner, die für längere Zeit im Ausland gelebt haben.[32] Die Angebote für derartige Auslandsaufenthalte sind in großen Städten deutlich größer. Jedoch entdecken auch immer mehr junge Menschen vom Dorf Austauschprojekte und Sprachreisen für sich.

Auch die Städter dürfen sich eine Vielzahl von nicht belegbaren Vorurteilen anhören:

- Städter sind faul und schlafen bis 12 Uhr.
- Städter haben mehr Stil in Sachen Mode.
- Städter denken, braune Kühe geben Schokomilch.
- Städter kennen ihre Nachbarn nicht und denken nur an sich.
- Städter sind meist abgehoben, eingebildet und gehen in Schicki-micki-Bars.
- Städter pflegen eine übertriebene Liebe zu ihrer Stadt.
- Städter wissen nicht, woher das Fleisch kommt.
- Städter kennen weder Vogel- noch Baumarten.
- Städter sind kommunikativ und können sich verkaufen.

Es gibt aber auch Vorurteile, die sich Städter und Dörfler gegenseitig vorwerfen. An der Intelligenz des anderen zweifeln zum Beispiel beide gleichermaßen. Und eine andere Gemeinsamkeit ist unverkennbar, an Vorurteilen mangelt es beiden Lagern nicht. Richtig dicke Freunde werden Städter und Dörfler wohl nicht mehr, es sind einfach zwei völlig verschiedene Welten. An einer Sache können jedoch alle noch arbeiten: Toleranz.

WARUM UMGEHUNGSSTRASSEN FLUCH UND SEGEN SIND

Eine Ortsumgehung, oder auch Umgehungsstraße genannt, soll Ortschaften vom Straßenverkehr, vor allem dem Durchgangs- und Fernverkehr, entlasten. Darüber hinaus soll so der Verkehrsfluss verbessert werden. In größeren Ortschaften in der Nähe von Städten ist es nicht ungewöhnlich, dass die Verkehrsbelastung der Hauptstraßen deutlich größer ist als in kleinen, abgelegenen Dörfern, wo ein großes Verkehrsaufkommen aus drei Pkw und einem Traktor besteht. Eine Umgehungsstraße scheint deshalb in viel befahrenen Orten die perfekte Lösung zu sein. Neben vielen Vorteilen zeigen sich aber auch große Nachteile, die die Ortsumgehungen für die Ortschaften auf dem Land bedeuten können.

Zu den Vorteilen für die Ortschaften gehören:

- Weniger Lärm und ein niedrigeres Verkehrsaufkommen
- Sicheres Überqueren der Straßen
- Geringerer Treibstoffverbrauch und weniger Umweltverschmutzung
- Bessere Möglichkeiten für 30er-Zonen
- Aufwertung der Grundstücke und Häuser
- Aufwertung des Gemeindelebens (Gehwege, Picknickplatz etc.)
- Attraktivitätssteigerung der Gastronomie (vor allem Außenbereiche)
- Förderung des Tourismus
- Zuzüge durch bessere Anbindungen
- Bessere Straßenqualität, da weniger Belastung
- Regionale Unternehmen verdienen am Bau der Umgehung[33]

Zu den Nachteilen für die Ortschaften gehören:

- Bebauung von Natur- und Ackerflächen und damit Flächenversiegelung

- Millioneninvestitionen
- Evtl. Kosten für die Gemeinde
- Verkehrsbelastung anderer Anwohner und Nachbardörfer
- Lange Wege zur Umfahrung
- Weniger Gäste in der Gastronomie
- Weniger Laufkundschaft für Gewerbetreibende[34]

Diese letzten beiden Punkte haben sich in vielen Ortschaften leider als besonders nachteilig und zukunftsweisend herausgestellt. In den meisten Fällen sind die Umgehungsstraßen in Ringform angelegt oder führen einseitig am Ortskern vorbei, und genau an dieser Stelle entsteht das wohl größte Problem für diese Orte. Bei allen Vorteilen, die die Umgehungsstraßen mit sich bringen, brechen sie oftmals den letzten Geschäften und Restaurants in den Dörfern das Genick. Natürlich ist es schön, wenn die Anwohner im Biergarten ihrer Lieblingskneipe sitzen können, ohne dass der Verkehr und der Lärm der Hauptstraße den Bierschaum zusammenfallen lassen. Allein von den Dorfbewohnern als Gäste können sich jedoch die meisten Lokale nicht halten, und durch den Wegfall der Laufkundschaft bleiben plötzlich Kunden in den ansässigen Läden aus. Die Ortschaften wirken teilweise wie ausgestorben, das Ladensterben geht weiter, und die letzten Tankstellen schließen.

Nicht immer muss eine Umgehungsstraße derart krasse Entwicklungen für die Ortschaften bedeuten, die vielen Vorteile der Straßen zeigen die andere Seite der Medaille. Es ist jedoch besonders wichtig, dass die Politiker und Anwohner jeder Ortschaft genau diese Fakten gewissenhaft prüfen und dann die beste Entscheidung für das eigene Zuhause treffen.

6. KAPITEL

RÜCKKEHRER

WIESO DER GRAT ZWISCHEN RÜCKKEHR UND WEGGANG SO SCHMAL IST

Als Kind und auch später als Jugendlicher hat jeder seine ganz eigene Vorstellung, wo es später einmal hingehen soll. Dabei träumen die einen von der großen weiten Welt und können es nicht erwarten, ihr Kaff zu verlassen, und für die anderen gibt es keinen schöneren Gedanken, als das Haus und Grundstück der Eltern zu übernehmen, eine Familie auf dem Dorf zu gründen und für immer auf dem Land zu bleiben.

Um diese Entscheidung besser treffen zu können, wählen viele Jugendliche vom Land während der Ausbildung oder des Studiums den Mittelweg. Gelernt wird in der Stadt, gelebt wird weiter bei den Eltern auf dem Dorf. Wem das Pendeln zu anstrengend ist, der entscheidet sich für eine Wohnung oder WG am Arbeits- oder Studienplatz, ist aber an den Wochenenden zu Hause, um die Familie zu unterstützen und Zeit in der Heimat zu verbringen. Durch diese ersten Eindrücke außerhalb des Heimatdorfes fällt die Entscheidung für oder gegen eine Rückkehr oder einen Weggang später häufig leichter.

Durch die neuen Erfahrungen während der Zeit außerhalb der Provinz werden die »Dorfflüchter« selbstständiger, unabhängiger, weitsichtiger, toleranter und lernen sich selbst besser kennen. Dazu gehört natürlich auch die Erkenntnis, wo sich das Leben besser anfühlt. Diese Entwicklung hilft allerdings nicht nur dabei, sich nahezu überall auf der Welt wohlzufühlen, sie ist auch eine absolute Bereicherung für das Dorfleben.

Gebildete, weltoffene Rückkehrer können ihr Wissen, ihre Energie und ihre Erfahrungen bestenfalls direkt in das Dorfleben einfließen lassen und damit den Bewohnern zu neuem Tatendrang verhelfen. Dafür ist allerdings nicht jede Provinz gleich empfänglich. Sollte ein potenzieller Rückkehrer spüren, dass er mit seinen innovativen Ideen und seiner frischen und motivierten Art auf

Ablehnung und Unverständnis stößt, wird das Zurückkommen deutlich unwahrscheinlicher.

Wer einen absoluten Neustart will, wird nicht zurück in seine Heimat gehen. Die Menschen auf dem Dorf kennen die Vergangenheit des Rückkehrers. Wer nicht möchte, dass einen der Nachbar seit der Geburt kennt, der wird nicht zurück in den Ort seiner Wurzeln ziehen. Um sich ohne Altlasten etwas völlig Neues aufbauen zu können, braucht es einen Schnitt. Oftmals ist das Leben in der Stadt für ehemalige Dorfkinder aber auch eine Art »Hörner abstoßen«. Von der nächstgrößeren Region geht es in die Großstadt, von dort in die Metropole, mit allen Vorzügen wie Verkehrsnetz, Internet so viel das Herz begehrt, Anonymität und Einkaufsmöglichkeiten an jeder Ecke. Nach ein paar Jahren werden viele Dorfkinder dieser Dinge aber überdrüssig, und spätestens, um eine Familie zu gründen, finden sie den Weg zurück aufs Dorf.

Ein ungeschriebenes Gesetz gibt es auch zu diesem Thema: Einmal Dorfkind – immer Dorfkind! Dabei ist es egal, wie alt Sie mittlerweile sind oder für welches Leben in welcher Region sie sich entschieden haben, ob Sie Rückkehrer sind oder ganz bewusst viel Sicherheitsabstand zur Provinz halten. Wer auf dem Dorf groß geworden ist, wird es immer im Herzen tragen.

WARUM SIE NICHT IMMER NAHTLOS AN IHRE KINDHEIT UND JUGEND ANKNÜPFEN KÖNNEN

Als Susi vor zwölf Jahren zum Studieren nach Hamburg ging, sagte sie voller Überzeugung zu ihrer betrübten Mutter: »Keine Angst, Mama, nach dem Studium komme ich zurück und suche mir ganz in der Nähe einen Job.« Jetzt, zwölf Jahre später, ist sie noch immer nicht zurück. Das liegt nicht etwa daran, dass sie eine miese Studentin ist und sich noch immer durch die Prüfungen kämpft. Sie hat alles in der Regelstudienzeit geschafft, doch irgendwie kam ihr das Leben dazwischen.

Bereits während der letzten Semester hatte sie einen interessanten Nebenjob angenommen und hat ihren Chef so gut von ihren Fähigkeiten überzeugen können, dass er sie direkt nach der Masterarbeit fest einstellte. Doch auch ohne diesen Job wäre das Landei wohl in der Großstadt geblieben, denn dort hat sie ihren Daniel kennenlernt, für ihn würde sie bis ans Ende der Welt gehen.

Jenny, Susis Mutter, hat die Hoffnung schon längst aufgegeben, dass ihre Tochter zurück zu ihr aufs Land zieht, doch ein Anruf der 31-Jährigen verändert alles: »Mama, ich bin es, Susi. Ich komme wieder nach Hause. Daniel hat sich von mir getrennt.« Susi wartet nicht auf die Reaktion ihrer Mutter, sondern legt einfach auf. Jenny weiß nicht, ob sie sich freuen darf, dass ihre Tochter nach Hause kommt, sie klang so unendlich traurig.

Nach ein paar Wochen ist auf dem Hof Normalität eingekehrt. »Es ist, als wärst du nie weg gewesen«, sagt Mama Jenny glücklich. Susi lächelt diesen Spruch weg, für sie fühlt es sich ganz anders an, sie sagt: »Wusstest du, dass der Maik geheiratet hat und Vater wird?« – »Dein Maik?«, fragt ihre Mutter. »Offensichtlich ist er jetzt nicht mehr mein Maik, ich habe ihm wohl das Herz gebrochen, als ich damals ging. Jetzt ist er mit einer anderen glücklich«, sagt Susi traurig und schimpft weiter: »Überhaupt ist alles Mist, meiner besten Freundin habe ich nichts mehr zu sagen, sie scheint in der Entwicklung völlig stehen geblieben zu sein. Alle anderen Freunde sind weggegangen oder kümmern sich nur noch um ihre Familie. Wenn ich Lust auf eine Cola habe, muss ich in die nächste Stadt fahren, und wenn ich eine Bewerbung verschicken möchte, macht mir das saumäßig schlechte Internet einen Strich durch die Rechnung.«

Jennys Gesicht ist wie versteinert, sie antwortet: »Jetzt reiß dich aber mal zusammen, Fräulein, du wolltest zurück aufs Dorf und wusstest, was dich hier erwartet. Du bist nicht besser als wir alle hier, also hör auf zu jammern und kämpfe um dein Glück und deine

Freunde. Gib dir etwas mehr Zeit, du kannst nicht da weitermachen, wo du als Jugendliche aufgehört hast, du bist jetzt eine Frau.« Mit solch deutlichen Worten hatte die Rückkehrerin wohl nicht gerechnet, sie bricht in Tränen aus: »Du hast ja recht, ich habe mir das alles viel leichter vorgestellt. Ich war doch früher so glücklich hier. Warum kann nicht alles wieder so sein wie damals?«

Die großen Erwartungen an ihr Heimatdorf und die perfekten Erinnerungen an ihre Kindheit lassen Susi auch in den nächsten Monaten nicht los, sie entscheidet sich deshalb gegen ein Leben auf dem Land, nach Hamburg, in Daniels Nähe, bringen sie aber auch keine zehn Pferde mehr.

WIESO IHRE RÜCKKEHR KEIN SELBSTLÄUFER WIRD

Sie sind auf dem Land aufgewachsen, kennen und lieben das Leben dort und möchten nach ein paar Jahren Stadt, Weltreise oder Karrierekick in der Ferne zurück in Ihr Dorf ziehen. Alle Erinnerungen, die Sie mit Ihrer Heimat verbinden, machen Sie glücklich und vermitteln Ihnen das Gefühl, dass Sie Ihre Zukunft in der Provinz erleben möchten. Doch ganz so einfach ist eine Rückkehr nicht, es gibt einige Punkte zu beachten, von denen Sie enttäuscht werden könnten.

Warum waren Sie in Ihrer Kindheit und Jugend auf dem Dorf so glücklich? Bei Ihren Aufzählungen werden Sie feststellen, dass es Dinge gibt, die immer bleiben, aber deutlich mehr Gegebenheiten verändern sich im Laufe der Zeit oder verlieren mit steigendem Alter an Wichtigkeit. Denken Sie zum Beispiel an Ihren Freundeskreis. Früher lebten in der Nachbarschaft unzählige Spiel- oder Schulkameraden. Wie viele von Ihnen sind im Dorf geblieben? Ohne den alten Freundeskreis dürfte ein entscheidender Teil fehlen, der für den Wohlfühlfaktor gesorgt hat. Was dagegen immer bleibt, sind die Erinnerungen, die ein wohliges Gefühl vermitteln. Sobald Sie am Ortseingangsschild Ihres Dorfes vorbeifahren, werden Sie Bäume sehen, die Sie an Ihre Kindheit erinnern, Höfe, die Geschichten von früher erzählen, und Verstecke, die nur Sie und ein paar ausgewählte Freunde kennen.

Doch neben den eigenen Gefühlen und Vorstellungen spielen natürlich auch die Dorfbewohner selbst eine Riesenrolle für eine erfolgreiche Rückkehr. So hart es klingt, aber es hat keiner sehnsüchtig auf Sie gewartet und die Tage gezählt, bis Sie zurückkommen. Auch in Ihrer Heimat hat sich die Erde weitergedreht, und Sie können nicht sofort den Platz einnehmen, den Sie damals verlassen hatten. Je länger Sie weg waren, umso mehr wird sich Ihre Rückkehr wie ein kompletter Neuanfang anfühlen, Sie werden sich vermutlich sogar fremd fühlen. Sie müssen sich Ihren Status, ihr Ansehen und ihre Beliebtheit in Ihrem Dorf neu erarbeiten, und es zählt nicht, was oder wer Sie während Ihrer Abwesenheit waren. Der rote Teppich wird auch nicht ausgerollt, wenn Sie in der Ferne eine Bilderbuchkarriere hingelegt haben, das Dorf schreibt eigene Gesetze. Doch wie auf den Seiten 130 und 131 beschrieben, gibt es genügend Möglichkeiten, um sich im Dorf einzubringen und guten Willen zu zeigen. Diese Maßnahmen fruchten natürlich bei Rückkehrern besonders schnell, ganz vergessen waren Sie ja sicher nie.

Sollten Sie Glück haben und der eine oder andere Freund Ihrer Kindheit lebt noch in Ihrem Heimatdorf, dann dürfte das erste Aufeinandertreffen nach langer Zeit äußerst interessant werden. Sicher machen Sie sich vorher keine Gedanken darüber, immerhin haben Sie sich früher blind verstanden und die Nächte durchgequatscht. Umso trauriger ist die Erkenntnis, dass Sie auch zwischenmenschlich nicht mit jedem nahtlos an Ihre Kindheit und Jugend anschließen können.

Wenn plötzlich keine gemeinsame Basis mehr da ist, haben Sie sich entweder in verschiedene Richtungen entwickelt, oder eine

UMZUG

der beteiligten Personen ist stehen geblieben, während die andere vorbeigezogen ist. So verlieren Idole und Helden von früher plötzlich ihre Faszination und ihren Glanz, weil Sie mittlerweile einfach schon deutlich mehr gesehen haben und nicht mehr so schnell zu begeistern sind wie früher.

Oftmals führen diese Unterschiede zu unangenehmen, aufgezwungenen Gesprächen mit peinlichen Gesprächspausen, es gibt einfach keine gemeinsamen Themen mehr. Für beide Seiten dürfte diese Konversation äußerst ernüchternd sein. Die eine Person ist vom Wiedersehen und dem Gespräch enttäuscht, die andere Person spürt, dass ihr der Rang abgelaufen wurde. Warum sollten Sie standhaft an etwas festhalten, was Ihnen kein gutes Gefühl mehr gibt? Aber keine Angst, im besten Fall verstehen Sie sich wieder auf Anhieb.

Es gibt auch die Möglichkeit, dass Sie zurück in Ihre Heimat möchten und nach kürzester Zeit spüren, dass Ihnen der Kontakt zu den Dörflern gar nicht mehr wichtig ist. In der Zeit Ihrer Abwesenheit haben Sie sich sicher woanders ein soziales Netz und Freundeskreise aufgebaut. Diese bleiben natürlich häufig auch nach einer Rückkehr bestehen. Damit verschwindet das Verlangen nach Anschluss im Dorf bei einigen völlig. Die Mischung aus Alltag, Familie, Beruf und dem bereits bestehenden Freundeskreis in der Ferne lässt oftmals wenig weitere Kontakte zu, zumindest, wenn Sie es nicht ganz bewusst darauf anlegen.

Auch ein erfülltes Familienleben steht neuen Kontakten deutlich mehr im Weg als ein Singleleben. Die Kinder müssen in den Kindergarten oder in die Schule, zu ihrem Fußballverein oder zum Ballett gebracht werden. Sie selbst wollen den Kegelclub nicht versetzen oder müssen zum Elternabend. Am Abend möchte auch noch die Ehe gepflegt werden, und die Reinhaltung des Hauses nimmt die restliche Zeit in Anspruch. Damit bleibt es häufig nur beim schnellen »Hallo« über den Gartenzaun und dem leeren Versprechen, dass man sich bald auf einen Wein treffen wird.

Zweifelsohne sind Rückkehrer oftmals deutlich größere Rebellen als die Dorfbewohner, die ihre Heimat niemals verlassen haben. Sie wollen sich nicht mehr so recht an die alteingesessenen, traditionellen Dorfregeln halten. Dafür haben sie in der Ferne einfach zu viel Freiheit, Selbstbestimmtheit und Anonymität genossen. Jemand will Ihnen vorschreiben, wann Sie Fenster putzen müssen, grüßen sollten oder wann Sie am Sonntag langsam aus den Federn sein müssten? Als Rückkehrer werden Sie über diese ungeschriebenen Gesetzte nur müde lächeln, und vor allem wird es Ihnen egal sein, ob sich Ihr Gegenüber daran hält. Sie haben Ihre eigene Freiheit zu schätzen gelernt, und in der Stadt hat kein Nachbar etwas von Ihnen verlangt oder nach Ihren Gewohnheiten geschaut.

Wie Ihre Rückkehr verläuft, liegt also in Ihrer Hand. Bestimmen Sie selbst, wie tief Sie wieder ins Dorfleben eintauchen wollen, und versuchen Sie Ihre Erwartungen in Zaum zu halten. Eine glückliche Kindheit auf dem Dorf bedeutet nicht immer automatisch, dass Sie sich auch als Rückkehrer voll und ganz mit dem Landleben identifizieren können.

WAS GEGEN EINE RÜCKKEHR SPRICHT

Spätestens zu großen Familienfeiern zieht es auch die Dorfflüchter und Wahlstädter zurück in die ländliche Heimat. Für viele Ex-Dörfler bedeutet der Tagesausflug in die Vergangenheit entspannen und in Erinnerungen schwelgen. Jedoch bestätigt ein Besuch in der Provinz auch oftmals die Gedanken der letzten Jahre: »In meinem Dorf kann ich nie wieder leben.«

Nur weil sich ein Besuch bei der Familie auf dem Dorf gut anfühlt, heißt das noch lange nicht, dass ein dauerhaftes Wiedersehen mit der Kuh von nebenan funktionieren würde. Durch Ihren Umzug in die Stadt verändern Sie sich zwangsläufig. Sie werden neue

Eindrücke sammeln, Erfahrungen machen, spannende Menschen kennenlernen und vor allem mehr über sich selbst erfahren, und wahrscheinlich werden Sie gewisse Gegebenheiten in der Stadt zu schätzen lernen und nicht mehr missen wollen.

Dieser Prozess ist normal, Sie werden älter und reifer, Ihre Heimat aber wahrscheinlich nicht. Natürlich ziehen auch in Ihrem Herkunftsdorf die Jahre ins Land, das Dorf und die Bewohner machen aber nicht zwangsläufig so große Entwicklungsschritte wie Sie. Wie in den vorangegangenen Episoden beschrieben, kann es deshalb passieren, dass Sie über das Dorf und den einen oder anderen Bewohner hinauswachsen. Es ist nicht arrogant, wenn Sie sich das eingestehen, das ist der Lauf der Zeit und völlig normal. Für viele sind das Kastendenken im Dorf und die fehlende Entwicklung und Modernisierung ein wichtiger Grund, um sich gegen das Leben in der alten Heimat zu entscheiden.

Ein weiterer Punkt, der vielen ehemaligen Landeiern die Lust auf eine Rückkehr in die Heimat nimmt, ist die fehlende Inspiration. Nach einer gewissen Zeit könnte es Ihnen auf die Nerven gehen, immer die gleichen Menschen zu treffen, gefühlt die gleichen Gespräche zu führen und zu den gleichen Veranstaltungen zu gehen. Wenn Sie die Welt sehen wollen und Ihren Horizont erweitern, wird es Ihnen irgendwann nicht mehr reichen, sich Inspiration im Internet zu holen, sich nur zu belesen oder auf den nächsten Urlaub zu warten. Wenn das Wort »Dorf« plötzlich in Ihnen Platzangst auslöst, sollten Sie natürlich keine Rückkehr in Betracht ziehen.[35]

Die fehlende Spontanität ist ein weiterer großer Punkt, der gegen eine Rückkehr spricht. Wenn Sie jetzt denken: »Warum sollte das ein Problem sein? Ich bin schrecklich spontan!«, dann ist das schön für Sie, aber das Dorf an sich ist nicht für seine gnadenlose Spontanität bekannt. »Mal schnell noch was einkaufen gehen«, »spontan abtanzen« oder »geschwind was aus dem Kiosk um die Ecke holen« können Sie vergessen. Durch die fehlenden Freizeitangebote, das Aussterben der Gaststätten und Läden auf dem Land und eingeschränkte Öffnungszeiten (sogar bei Tankstellen) müssen Sie, wie bereits erwähnt, Ihren Tagesablauf, Ihre Treffen und Einkäufe deutlich gewissenhafter planen als in der Stadt. In Ihrer Kindheit und Jugend war das wahrscheinlich kein Problem, weil Sie es nicht anders kannten. Nun, nach Ihren Erfahrungen außerhalb des Dorfes, dürften Ihnen die Gegebenheiten deutlich mehr zu schaffen machen.

Außerdem haben sich sicher über die Jahre Ihre Prioritäten geändert. Früher war es wichtig, den coolsten Kletterbaum zu finden, mit dem Moped über das Feld zu rasen oder eine Einladung für die nächste Geburtstagsparty im Jugendclub zu erhalten. Mit fortschreitendem Alter sind ein guter Job, tolle Wohnbedingungen, eine ärztliche Grundversorgung und ein hervorragendes Restaurant in der Nähe plötzlich wichtiger als der Kletterbaum. Das Dorf von früher ist das gleiche, aber Sie selbst benötigen andere Gegebenheiten als in Ihrer Jugend und Kindheit, um glücklich zu sein und Ihr Leben meistern zu können.

Der vielleicht schönste Grund, eine Rückkehr ins Heimatdorf auszuschließen, ist die Liebe. Wenn Sie den Partner fürs Leben in der Ferne finden und in Ihrer Wahlheimat glücklich sind, wird das Verlangen nach der Provinz deutlich schwinden, oder Sie verpassen einfach den Moment zurückzugehen, obwohl Sie es immer im Hinterkopf haben. Spontan kann sich dieses Hinauszögern ändern, wenn Sie nicht mehr nur für sich und Ihren Partner entscheiden, sondern sich für Ihren Nachwuchs eine Kindheit auf dem Dorf wünschen.

WARUM DIE FAMILIENPLANUNG RÜCKKEHRER ANIMIERT

Wenn sich Ihr Partner ein Leben auf dem Dorf vorstellen kann und die Familiengründung bei Ihnen gerade an erster Stelle steht, wird eine Rückkehr aufs Land wieder deutlich wahrscheinlicher. Wenn Sie selbst eine glückliche und spannende Kindheit erlebt haben, über endlose Felder gerannt sind, sich in Wäldern Baumhäuser gebaut haben und den Kontakt zu Tieren geliebt haben, wünschen Sie sich eine solche Kindheit auch für Ihren Nachwuchs in spe.

Gerade auf dem Land bekommen Kinder tolle Werte wie Bodenständigkeit, Bescheidenheit und Fleiß vermittelt. Wie im Kapitel »Familie« ausführlich beschrieben, gibt es für den Nachwuchs unendlich viele Möglichkeiten, ein Abenteuer nach dem nächsten auf dem Dorf zu erleben. Dennoch lernen die Kids schon sehr früh, dass sich die Arbeit auf einem großen Grundstück nicht von selbst erledigt, sie werden eingebunden und müssen mit anpacken.

Auf dem Land gibt es deutlich weniger Straßen und kaum Verkehr, die großen Höfe und abgeernteten Felder bieten Spielflächen ohne Ende. Schon die Kleinsten tuckern als Beifahrer mit den Traktoren über den Acker, und spätestens mit zehn Jahren rasen sie mit dem Moped über die Felder. Auf dem Dorf aufwachsen ist einzigartig und bietet unendlich viele Möglichkeiten, die Kids genießen deutlich mehr Freiheiten als in den Städten.

Ob es allerdings noch ähnlich viele Spielkameraden für Ihren Nachwuchs wie in Ihrer eigenen Kindheit gibt, sollten Sie dringend prüfen, die Zeiten haben sich geändert, und nicht alle, die das Dorf verlassen haben, kommen zurück, um eine Familie zu gründen. Natürlich dürfen Sie sich auf die Dorfbewohner freuen, die niemals weggegangen sind und ihr Familienleben auf dem Land genießen. Oftmals ist dies jedoch nur noch ein Bruchteil derer, die noch zu Ihrem Freundeskreis gehört haben.

Ein weiterer Riesenvorteil einer Rückkehr ist natürlich die Tatsache, dass vermutlich ein Teil der eigenen Familie ebenfalls noch im Heimatdorf lebt. Nichts ist wertvoller, als die Oma des Kindes im Nachbarhaus zu haben, die Patentante ein paar Meter weiter die Hauptstraße entlang und die Cousinen und Cousins der Kinder gegenüber. Oftmals bleibt die Erziehung der Kinder nach einem Weggang aus der Heimat komplett an den beiden Elternteilen hängen, weil einfach kein anderes Familienmitglied in der Nähe ist. Eine große Familie und ein funktionierender Familienverband ist deshalb für viele Rückkehrer unbezahlbar und ein Grund mehr, zurück in die Heimat zu gehen. Für manche Familien kann es dabei nicht eng genug zugehen, wie die Episode zum Thema Mehrgenerationenhaus beschreibt (ab S. 80).

Besonders beliebt sind bei Familien die Dörfer nahe einer wirtschaftlich starken Stadt mit einem attraktiven Stadtkern. Die Mischung aus ruhigem Leben auf dem Land und kurzen Wegen zu Schule, Vereinen, Arbeitsplatz und Einkaufsmöglichkeit lässt die Mietpreise in solchen Dörfern drastisch steigen. Die riesige Nachfrage macht es möglich.

Wenn Sie sich erst im Grundschulalter Ihrer Kinder für eine Rückkehr auf das Dorf entscheiden, sollten Sie dringend hinterfragen, ob ihr Nachwuchs mit dem Leben auf dem Dorf zurechtkommen wird. Wie bei Erwachsenen, die nie auf dem Dorf gelebt haben, kann es auch Kindern und vor allem Pubertierenden und Jugendlichen extrem schwerfallen, sich auf das Leben auf dem Land einzulassen. Diese Entscheidung sollte daher immer die ganze Familie treffen, und vor allem sollten Sie Ihren Kindern zeigen, wie das Leben auf dem Dorf aussieht, bevor Sie die Umzugskartons packen. Leben die Kinder allerdings bereits ab dem Kleinkindalter auf dem Land oder kennen das Dorfleben vom Urlaub bei Oma und Opa, werden Sie Ihren Kindern durch den Umzug zurück in Ihre alte Heimat sicher eine unvergessliche Kindheit bescheren.

Wieso es immer weniger Dorfschulen gibt

Für viele Eltern, die mit ihren Kindern zurück in die alte Heimat aufs Land ziehen, ist es eine schöne Vorstellung, dass ihre Kleinen die gleiche Schule wie sie damals besuchen, bestenfalls sogar die Dorfschule. Dieser Wunsch wird allerdings in den seltensten Fällen erfüllt. Während bundesweit zahlreiche Schulen geschlossen werden, trifft es die Bildungseinrichtungen auf dem Land besonders hart. Die Ausdünnung der Schulen auf dem Land trifft dann leider die Kleinsten, die Schulkinder.

Dorfschulen gibt es schon fast nicht mehr, die Anzahl der Schüler ist einfach zu gering. Das Minimum von 16 Kindern pro Klasse kann nicht eingehalten werden, und deshalb schließen die Schulen auf dem Land, und die Schüler müssen in den Nachbarstädten oder größeren Gemeinden zur Schule gehen. Dies bedeutet allerdings auch, dass selbst die Grundschüler einen viel zu langen Schulweg auf sich nehmen müssen. Die Schulbusse fahren deutlich weniger als in den Städten, und so sind selbst die Kleinsten oftmals fast eine Stunde unterwegs, bis sie endlich in ihren Klassen sitzen.

Während der Weg zur Schule in Städten häufig nicht länger als zwei Kilometer ist, sind es auf dem Dorf bis zu vier oder mehr Kilometer. Die Kinder in der Stadt können ihren Schulweg häufig sogar zu Fuß zurücklegen. Als Alternativen fahren sie mit der U-Bahn, der S-Bahn oder mit dem Bus. Auf dem Dorf fährt jedes dritte Kind mit dem Bus, besser gesagt mit den Bussen. Das Umsteigen und ewige Warten auf einen Anschlussbus gehört für die Dorfkinder nämlich zum Alltag. Mittlerweile gibt es zahlreiche wissenschaftliche Studien, die belegen, wie schädlich ein zu langer Schulweg und das damit verbundene frühe Aufstehen für die Konzentration der Schulkinder ist. Eine Wahl oder Möglichkeit, etwas an den Gegebenheiten zu ändern, haben die Familien trotzdem nicht.[36] Wo es keine Dorfschulen gibt, müssen die Kinder auf dem Land eben eine Schule im Nachbarort oder einer Nachbarstadt besuchen, die Folge ist der lange Schulweg. Die einzige Möglichkeit, den Kids den Schulweg etwas angenehmer zu machen, sind Fahrgemeinschaften, für die langen Wege haben aber selbst die berufstätigen Eltern selten Zeit, der Zeitverlust ist einfach zu hoch. S- und U-Bahnen stehen nicht zur Verfügung.

Doch selbst wenn es auf politischen und elterlichen Druck hin möglich wird, eine Dorfschule zu erhalten, findet dies längst nicht bei allen Eltern Gefallen. Natürlich bietet eine Dorfschule zahlreiche Vorteile. Die Kinder müssen keine weiten Wege zurücklegen, können sogar in die Schule laufen oder mit dem Rad fahren. Außerdem bieten wenige Schüler, 30 bis 100 an der gesamten Schule, die Chance auf kleine Schulverbände und Klassen und damit individuelle Förderung. Wie immer schafft Infrastruktur außerdem Arbeitsplätze, auch für die Bewohner des Dorfes. Die Dorfgemeinschaft und die Schülerschaft wachsen in Dorfschulen häufig deutlich besser zusammen als in größeren Schulverbänden.

Neben all diesen Vorteilen bringen »erzwungene« Dorfschulen auch Nachteile, vor allem für Nachbarschulen. Denen bleiben oftmals kaum Möglichkeiten für Klassenteilungen oder ausgewogene Schülerzahlen. Die Dorfkinderklassen sind so klein, dass diese ohne Probleme in der nächstgrößeren Schule untergebracht werden könnten. Aus der viel zu großen Klasse, die es dort gibt, könnten dann beispielsweise zwei mittelgroße Klassen gemacht werden, perfekte Voraussetzungen für gutes Lernen. Die Dorfklassen sind mittlerweile nämlich so klein, dass es Kombiklassen gibt. So lernen Erstklässler zusammen mit Drittklässlern in einem Klassenzimmer, für viele Eltern keine Idealkonstellation.

Natürlich kostet eine Dorfschule auch Geld: Licht, Heizung, Erhaltungskosten und so weiter. Die Frage ist, ob sich dieser Aufwand und die finanzielle Belastung für 30 Schüler lohnt, wenn es im Nachbarort eine größere Schule gibt, wo die Kids unterkommen könnten. All diese Probleme und Fragen tauchen in jedem neuen

Schuljahr wieder auf. Nur, weil es die Dorfschule in diesem Jahr noch gibt, heißt das nicht, dass die Zukunft gesichert ist. Oftmals reichen schon zwei Kinder, die mit ihrer Familie wegziehen, aus, und die Mindestanzahl an Schülern ist nicht mehr gewährleistet.[37] Der Dorfschule droht damit die Schließung.

Die größte Gefahr, die Eltern und Dorfbewohner beim Abschaffen der Dorfschulen sehen, ist die leidende Bindung zwischen den Kindern und ihrem Heimatdorf. Viele Schulen auf dem Land arbeiten direkt mit den Vereinen im Dorf (wie Kinderfeuerwehr oder Fußballverein) zusammen, binden schon die Jüngsten ans Dorf. Diesen Hobbys gehen die Kids bei einem Schulwechsel dann wahrscheinlich eher im Nachbarort oder in der nächsten Stadt nach. Eben dort, wo auch ihre Schulfreunde aktiv sind. Die Nähe zum Heimatdorf geht dabei oft verloren.

WARUM SIE BERUFLICH VOLL DURCHSTARTEN KÖNNTEN

Nicht zuletzt durch den demografischen Wandel ist die Nachfrage nach Fachkräften in Deutschland groß. Gerade die ländlichen Regionen sind davon besonders stark betroffen, es fehlt an High-Potentials. Talentierte, junge Dörfler verlassen nach der Schule die Provinz für ein Studium, eine Lehre oder einfach, um noch etwas mehr von der Welt zu sehen. Nichts wie raus in die großen Städte voller Leben, Restaurants, Diskotheken und Anonymität.

Für den Karrierekick in die Großstadt ziehen oder beruflich weiter kommen im Ausland, ein Traum vieler. Für ein paar Jahre kann diese »neue Welt«, privat und beruflich, die absolute Erfüllung für junge Dörfler sein. Doch für diejenigen, die ihre ländliche Heimat nach ein paar Jahren »in der Ferne austoben« vermissen, gibt es gute Nachrichten: Karriere und Dorf schließen sich nicht immer aus, ganz im Gegenteil.

Es macht auf jeden Fall Sinn, den heimischen Arbeitsmarkt im Auge zu behalten, denn gerade dort können sich viele Vorteile und Chancen auftun. Ein Vertrag beim richtigen Arbeitgeber auf dem Land kann bedeuten:

- langfristig Karriere zu machen
- besonders attraktive Arbeitskonditionen
- weniger Konkurrenz, dadurch höhere Aufstiegschancen
- günstige Lebenshaltungskosten
- keine Probleme bei der Wohnungssuche
- tolles Umfeld für die Familie und perfekter Ausgleich zum Arbeitsleben[38]
- mehr Nähe zum Produkt und zur Führungsebene

Die besten Arbeitgeber sitzen nicht immer in den Millionenmetropolen. Gerade in Deutschland haben Großteile der umsatzstärksten Unternehmen ihren Hauptsitz in kleinen Provinzen. Weniger als ein Viertel haben ihre Zentrale in den drei größten Städten Berlin, Hamburg oder München.[39]

Trotz der genannten Vorteile, die es so auch in zahlreichen Firmen in großen Städten geben dürfte, zieht es nur wenige High-Potentials zum Arbeiten in die ländlichen Gegenden. Deshalb müssen sich vor allem die Firmen in der Provinz etwas einfallen lassen, um auch die Großstädter zu überzeugen. Neben überdurchschnittlichen Gehältern kann das wie folgt aussehen:

- Kinderbetreuung am Arbeitsplatz
- Vertrauensarbeitszeit
- Kostenloses Mittagessen
- Fitness- und Wellnessangebote
- Medizinische und psychologische Betreuung
- Umzugsservice
- Kulturelle Freizeitangebote[40]

Für einen ambitionierten Arbeitssuchenden müssen all diese tollen Versprechen äußerst verlockend klingen. Doch wie immer haben auch die vielversprechenden Jobangebote auf dem Land einen Haken. Sie sind nicht wirklich auf dem Dorf. Es muss definiert werden, was als »kleine Provinz« oder »ländliche Gegend« bezeichnet wird. Vermutlich wird in Ihrem 500-Seelen-Dorf kein Weltkonzern ansässig sein. Doch auch Städte wie Neckarsulm, Walldorf, Gütersloh oder Buxtehude werden mit ihren Tausenden Einwohnern als Provinz bezeichnet, und dort gibt es große und attraktive Firmen. Ein positiver Nebeneffekt, wenn Sie beruflich zurück in die Heimat wechseln, ist sicher die Tatsache, dass Sie damit die eigene Region stärken.

Sicher finden Sie auch auf dem Dorf, beim Handwerker um die Ecke, einen Arbeitsplatz, aber dieser wird Ihnen vermutlich keine Kinderbetreuung, einen Seelenklempner oder ein Diensthandy bezahlen. Wie so oft sei deshalb gesagt: Augen auf bei der Berufswahl. Sonst könnte es sein, dass Sie am Ende von den Gegebenheiten vor Ort geschockt sind, wie der folgende Text näher erläutert.

WAS SIE BEI DER JOBSUCHE BEACHTEN MÜSSEN

Karriere machen und in der naturbelassenen und ruhigen Provinz leben hört sich erst einmal nach gegensätzlichen Lebensplänen an. Wie jedoch bereits im vorherigen Text beschrieben, schließen sich diese beiden Dinge keineswegs aus. Nie waren die Chancen besser, in ländlichen Gegenden beruflich durchzustarten. Dennoch bleibt es Ihnen nicht erspart, gewisse Grundvoraussetzungen und Gegebenheiten vor dem Antritt der neuen Stelle auf dem Land zu überprüfen:

- nicht immer gibt es eine moderne Personalführung
- weite Wege zur Arbeit, Innenstadt oder Schule der Kinder

- checken Sie die Qualität des Internets
- keine flexiblen Arbeitszeiten oder mobiles Arbeiten
- ohne Führerschein sind Sie verloren
- wenige Alternativen, wenn der Job weg ist[41]

Je kleiner die ansässigen Firmen sind, umso gewissenhafter sollten Sie sich mit den Arbeitsabläufen, Gegebenheiten und Standards Ihres zukünftigen Arbeitgebers vertraut machen. Besonders in kleinen Dörfern müssen Sie mit erschwerten Bedingungen rechnen, weil Firmen dort deutlich härter kämpfen müssen als Großkonzerne in ländlichen Gegenden.

Auch eine Provinz mit ein paar Tausend Einwohnern kann Weltkonzerne beherbergen, die 500-Seelen-Gemeinde wohl eher nicht. Das wahre Dorfleben gibt es also eventuell etwas abgelegener und nicht in direkter Nähe Ihrer potenziellen neuen Stelle. Wollen Sie also Ruhe und Natur genießen, müssen Sie etwas Fahrt auf sich nehmen. Weite Strecken mit dem Auto zur Arbeit bedeuten aber auch viel Zeit, Benzingeld und Verschleiß am Wagen. Es braucht also häufiger ein neues Auto, und der Ferrari vor der Tür macht nicht viel Sinn. Ein Führerschein ist unerlässlich.

Besonders beim Wechsel von Großkonzernen in kleine Betriebe müssen Sie sich vorher ein Bild von den Arbeitsabläufen machen und bewusst nachfragen. Wenn Sie flexible Arbeitszeiten, mobiles Arbeiten, modernste Personalführung und große Betriebskantinen gewohnt sind, sollten Sie sich diese bei der kleinen Firma um die Ecke aus dem Kopf schlagen. Hier kennen sich die Mitarbeiter noch persönlich, duzen oftmals den Chef und trinken zusammen mit ihm ein Feierabendbier. Umso wichtiger ist es allerdings, dass Sie in den bisherigen Kollegenkreis passen, sich anpassen und akzeptieren, dass kleiner und übersichtlicher nicht schlechter heißen muss. Ihre Kollegen wollen sicher nicht jeden Tag hören, welche Vorteile und Extras Sie bei Ihrem alten Arbeitgeber genossen haben. Überzeugen Sie lieber mit Leistung.

All diese Dinge wissen Sie natürlich, wenn Sie einer der zahlreichen »Rückkehrer« sind. Wenn Sie jedoch nie auf dem Land gelebt haben, sollten Sie sich dringend mit all diesen Punkten auseinandersetzen. Fakt ist aber auch, dass nur selten der Wille allein reicht, um zurück in die ländliche Heimat zu ziehen. Die erfolgreiche Jobsuche ist äußerst wichtig. Ohne eine passende Stelle kommt es nur selten zur Rückkehr. Das Finden eines Jobs dürfte dabei kein großes Problem sein. Möchten Sie allerdings Ihre Gehaltsansprüche nicht runterfahren, die Position in der jetzigen Firma nicht einbüßen oder in einem größeren Konzern arbeiten, sollten sich die Auswahlmöglichkeiten im Rahmen halten, es sei denn, Sie sind bereit, zu pendeln.

Ein Jobwechsel in die Provinz ist weit mehr als eine berufliche Entscheidung. Sie ändern Ihren Lebensstil (und gegebenenfalls den Ihrer Familie) komplett. Das Dorfleben kann Sie glücklich und beruflich erfolgreich machen, es kann Sie aber auch aufgrund von fehlenden Anbindungen, Freizeitaktivitäten oder kaum vorhandener Anonymität zur Verzweiflung bringen.

7. KAPITEL

BRÄUCHE, VEREINE UND TRADITIONEN

WARUM DORFFESTE PFLICHT-VERANSTALTUNGEN SIND

Auf dem Dorf müssen Sie nicht lange suchen, wenn Sie etwas feiern möchten. Neben den üblichen Verdächtigen wie Geburtstag und Weihnachten gibt es nämlich unzählige weitere Anlässe, um sich ausgehfein zu machen. Vor allem liegt das daran, dass Sie viel häufiger zu einer Partygesellschaft gehören, als Sie sich vorstellen können. Feiert der Nachbar aus der Nebenstraße seinen Polterabend, dürfen Sie sich automatisch eingeladen fühlen. Auch beim Maibaumsetzen, Osterfeuer, Knutfest, Sommerfest oder dem Faschingsauftakt Ihres Dorfes dürfen Sie nicht fehlen. Besonders groß ist die Anwesenheitspflicht jedoch vor allem beim alljährlichen Dorffest.

Hier gilt nicht nur Sehen und Gesehenwerden, sondern vor allem Anpacken, Mithelfen und Organisieren. Meistens finden die Dorffeste an Wochenenden statt, aber die Planung und Umsetzung beginnt deutlich früher. Die ansässigen Clubs und Vereine wie ein »Dorfclub« (ein Verein, der sich für das Dorfleben und Veranstaltungen im Dorf engagiert), die freiwillige Feuerwehr und die dorfeigene Kapelle übernehmen dabei die Planung, zum Auf- und Abbau ist jedoch jede helfende Hand gefragt. Das große Festzelt muss aufgebaut und das Lagerfeuer und die Fackeln müssen für den Umzug vorbereitet werden. Die Theke muss bestückt sein, die Kegelbahn wird vom Laub befreit und auf Hochglanz gebracht. Ebenso können Sie Ihre Kreativität ausleben. Während der Fackel- oder Lampionumzug durchs Dorf zieht, glänzen die Häuser durch geschmückte Fassaden, selbst gebaute und lebensgroße Puppen oder bunte Beleuchtung an den Häusern und Gartenzäunen. Auch dafür ist das Dorffest gut, um zu zeigen, wie kreativ und engagiert Sie sind.

Zeigen, was in Ihnen steckt, können Sie auch beim Hammerwerfen, Tontaubenschießen, an der Bar oder beim Kegeln. Mindestens ein Jahr lang, bis zum nächsten Dorffest, werden Sie nämlich amtierende/r Dorfkönig/-königin in etwas sein. Ich wünsche Ihnen, dass es die Kegelkrone ist, die Sie im Gespräch hält, und nicht der Schnaps, der Sie unter die Bar hat fallen lassen, oder die peinliche Liebschaft, die Sie sich betrunken ans Bein gebunden haben. Mit viel Glück sind Sie Letzteres am nächsten Tag los, aber der Ruf und das Gerede bleiben, bis es den nächsten trifft. Seien Sie sich bitte immer im Klaren, wie viele Ihrer Nachbarn vor Ort sind.

Damit es beim gemütlichen Kaffeetrinken keinen Kuchennotstand gibt, könnten Sie durchaus, auch gegen Ihren Willen, zum Backen eingeteilt werden. Das geschieht dann nach Hausnummern. Wohnen Sie also in der Hauptstraße 23 und freuen sich, dass in diesem Jahr die geraden Zahlen von 0–30 mit Süßkram dran sind, im nächsten Jahr trifft es Sie ganz sicher. Natürlich kann Sie niemand zwingen, an der Backaktion teilzunehmen, aber Sie wissen ja nun bereits, wie das mit den ungeschriebenen Gesetzen auf dem Dorf ist. Spielen Sie mit, es holt Sie sonst ganz sicher ein, und keiner wird merken, wenn Ihre Muffins von der Tankstelle kommen. Oder doch?

Das Dorffest ist also weit mehr als eine weitere Veranstaltung oder ein Beisammensein. Es werden Kontakte geknüpft, Wiedersehen gefeiert und Zeit miteinander verbracht, zusammen geplant und umgesetzt. Nicht selten kommen die ehemaligen Dorfbewohner extra für das alljährliche Dorffest zurück in die Provinz. Verläuft die Veranstaltung dann wie am Schnürchen, liegen sich die Dörfler an der Theke glücklich in den Armen und werten aus, wer es in diesem Jahr offensichtlich nicht auf das Fest geschafft hat.

WIESO SIE SICH IHR PRIVATLEBEN KLUG EINTEILEN MÜSSEN

Felix ist aufgeregt, morgen findet sein Polterabend statt, und nächste Woche wird er endlich die Frau seines Lebens, Maria, heiraten. Für das Poltern im eigenen Garten ist zum Glück schon alles vorbereitet, er hat nämlich noch eine Menge zu tun bis dahin. »Schatz, ich fahre jetzt zur Arbeit, und direkt danach muss ich auf den Sportplatz. Wir bauen doch heute das Zelt fürs Dorffest auf, und die Schausteller kommen ebenfalls mit ihren Attraktionen«, ruft er, als er sich die Schuhe anzieht. »Sag mal, wolltest du gerade ohne einen Kuss das Haus verlassen?«, fragt Maria übertrieben geschockt. Felix antwortet lächelnd: »Natürlich nicht, entschuldige. Seit ich auch im Dorfclub bin, weiß ich gar nicht mehr, wo mir der Kopf steht. Für das Dorffest muss so viel geplant werden.« – »Ich weiß«, sagt Maria verständnisvoll und gibt ihrem Verlobten einen Kuss. »Hauptsache, du bist zu unserem Polterabend da«, sagt sie lachend und geht zurück in die Küche.

An diesem Abend kommt Felix erst nach Mitternacht nach Hause. Der Aufbau ging bis in die späten Abendstunden, und das erste Bierfass wurde auch angestochen. Als er sich zu Maria ins Bett legt, spürt er die frostige Stimmung. »Entschuldigung, mein Schatz, morgen gehöre ich ganz dir«, sagt er und schläft im gleichen Moment ein.

Noch drei Stunden, bis die Gäste kommen. Marias Laune hat sich gebessert, Felix hat mit einem Polterfrühstück am Bett geglänzt. Jetzt bringt er die Getränke in sein Gartenhäuschen und begutachtet zufrieden seine Deko. Plötzlich spürt er ein Vibrieren am Gürtel: »Einsatz! Ausgerechnet jetzt!« Als Wehrleiter der freiwilligen Feuerwehr ist Felix natürlich immer abrufbereit und stellt seine eigenen Bedürfnisse und Planungen hintan. Was für ein furchtbares Timing, denkt er genervt und rennt Richtung Haus. Auf halbem Weg kommt ihm Maria entgegen, sie strahlt und hat sich für den Abend schön gemacht. »Schatz, ich muss zur Feuerwehr, wir wurden zum Einsatz gerufen.«, sagt er voller Adrenalin. Das Gesicht seiner Verlobten verdunkelt sich schlagartig: »Das ist doch jetzt nicht dein Ernst?« Maria ist sonst wirklich verständnisvoll, das muss sie auch, Felix ist schließlich neben dem Dorfclub und der Feuerwehr auch im Karnevalsverein des Dorfes. Heute ist die Braut in spe aber einfach nur sauer. Sie befürchtet, dass Sie den Abend allein mit ihren 80 Gästen verbringen muss.

Als ihr Verlobter bereits nach einer Stunde zurückkommt, ruft er strahlend: »Fehlalarm! Jetzt wird gepoltert, mein Schatz!«

Gegen 22 Uhr stehen 120 Leute im Garten, eine Einladung hat keiner von ihnen. Wer zum Polterabend kommen möchte, ist herzlich willkommen, und als Mitglied in einem Verein kommen da eine Menge Leute zusammen. »Ich hätte nie gedacht, dass so viele Leute kommen«, sagt Maria begeistert. »Ich auch nicht, und dann tanzt sogar der Karnevalsclub für uns und die Feuerwehr spendiert zwei Fässer Bier«, antwortet Felix sichtlich gerührt mit Tränen in den Augen. »Jetzt bekommst du endlich etwas zurück für deinen Einsatz im Dorf und deine Arbeit in den ganzen Vereinen«, sagt Maria und gibt ihrem Bräutigam einen dicken Kuss.

WARUM ES OHNE VEREINE KEIN DORFLEBEN GIBT

»Treffen sich drei Deutsche, gründen sie einen Verein.« Die wenigsten ahnen, wie viel Wahrheit in diesem Witz steckt. In Deutschland sind über 580.000 Vereine registriert, siebenmal so viele wie vor 50 Jahren. Dazu kommen über 17.000 Stiftungen, 10.000 GmbHs und mehr als 8000 Genossenschaften, Tendenz steigend. Dahinter stehen 23 Millionen Mitglieder. Dennoch bleibt es schwierig, Mitglieder zu gewinnen, vor allem im Bereich der Vereinsführung.[42]

Dieses Problem ist auch in den ländlichen Gegenden verbreitet. Hier kommt erschwerend hinzu, dass es deutlich weniger Menschen gibt als in großen Städten und die Vereine deshalb um jedes Mitglied noch mehr kämpfen müssen. Die Lösung ist, wie bereits in der vorangegangenen Geschichte beschrieben, recht einfach, aber sehr zeitaufwendig. In Dörfern und kleineren Gemeinden ist es keine Seltenheit, dass die Bewohner mindestens in zwei Vereinen Mitglied sind. Der Synergieeffekt ist vor allem deshalb so groß, weil oftmals eine sehr gut eingearbeitete Gruppe an einem Projekt plant. Ein Beispiel: Nach der Karnevalssaison organisiert der Dorfclub das jährliche Dorffest. Wenn sich 50 Prozent der Mitglieder bereits aus dem Karnevalsverein kennen, können sie die Aufgaben leichter verteilen, die anderen besser einschätzen, verstehen sich blind und halten automatisch den Kontakt zu den Mitgliedern des Karnevalvereins, auch außerhalb der närrischen Zeit.

Dennoch beginnt für die Vereine spätestens mit dem Weggang der Jugendlichen für ihre Ausbildung, Lehre oder das Studium der Schwund der Mitglieder. Wer viele Kilometer bis zur Arbeitsstelle fahren muss, hat ebenfalls kaum Zeit. Diese Jahre müssen überbrückt werden durch die Vereinsmitglieder, die vor Ort bleiben oder zumindest zeitweise ihren Pflichten im Verein nachkommen können. Sind bei der freiwilligen Feuerwehr während eines Einsatzes nicht genügend Mitglieder vor Ort, darf diese gar nicht ausrücken. Die Dorfbewohner müssen auf Hilfe aus dem Nachbarort oder der nächsten Stadt hoffen. Wie viel kostbare Zeit in einer Notsituation dadurch verloren geht, muss nicht erklärt werden.

Neben Sportvereinen, den Geflügelzüchtern und dem Blasorchester gibt es auch auf dem Land eine Großzahl an Angeboten, jedoch schrumpfen diese durch das Aussterben der Dörfer auf ein Minimum zusammen. Dies führt dazu, dass es die Dorfgemeinschaft vermehrt in die Nachbarstädte zieht, um Mitglied in bestimmten (nicht mehr angebotenen) Vereinen werden zu können. Für den richtigen Klub werden diese Extrakilometer und damit

mehr Zeit gern in Kauf genommen, doch für die Infrastruktur des Dorfes wäre das komplette Aussterben des Vereinslebens der Genickbruch. Um dies zu verhindern, bleibt die Möglichkeit, sich mit den Nachbarorten zu verbrüdern. Auch dort herrscht Mitgliederschwund, und so macht es Sinn, die drei Geflügelzüchtervereine der Umgebung zu einem Verein zu verbinden.

Durch große Veranstaltungen wie Dorffeste, Tanzfeste und Karneval werden Kulturhäuser, Festplätze und Locations gebraucht, eine absolute Bereicherung für jedes Dorf. Für Vereine gibt es Fördermittel, außerdem sind sie steuerlich begünstigt. Finden diese Veranstaltungen nicht mehr statt, verfallen auch die Begegnungsstätten, und es kommen keine neuen dazu. Unter dem Wegfall der Veranstaltungen leiden ebenfalls die ansässigen Bäcker, die Feuerwehr-Blaskapelle, die Handwerker oder die Brauerei. Kein Fest, keine Dienstleistung, kein Geld. Ein gefährlicher Kreislauf.

Neben dem Mitgliederschwund sind auch diverse Auflagen für das Aussterben der Dorfvereine verantwortlich. Neben den Kosten für die Veranstaltungsanmeldung sind auch die Abgaben für die GEMA (um Musik abspielen zu können) extrem hoch, dazu kommt die Vereinshaftpflicht, für jede Veranstaltung wird zum jährlichen Beitrag ein Risikozuschlag gezahlt. Damit wird es für die Vereine immer schwieriger, wirtschaftlich erfolgreich zu arbeiten. Vor allem braucht es Leute, die sich auch mit den finanziellen und rechtlichen Themen beschäftigen wollen.

Auf dem Land profitieren die Vereine bei der Mitgliedersuche vor allem von der eigenen Geschichte. Die Kinder wachsen im Vereinsleben der Eltern auf. Sie gehen mit zu Festen, Proben, Vorbereitungen und zum Aufbau. Kaum dürfen sie selbst Teil der Kinderfeuerwehr, Tanzmäuse oder Nachwuchszüchter sein, sind sie ebenfalls ein Mitglied. So wird die Begeisterung für das Ehrenamt, für Vereine und soziale Projekte direkt weitergegeben. Oftmals über die Dorfgrenzen hinaus, wenn der ein oder andere die Heimat verlässt.

Warum Ihre Nachbarn plötzlich den Eingang Ihres Hauses schmücken

Dass das Dorfleben extrem durch die eigene Geschichte und Traditionen geprägt ist, wurde im Buch bereits mehrfach deutlich. Außenstehende würden einen Teil dieser Traditionen wahrscheinlich sogar als anmaßend, rücksichtslos und übergriffig bezeichnen. Die Dorfbewohner selbst sehen dies sicher anders, stehen zu ihren Taten und wollen nur helfen, unterstützen und ihre Zuneigung zeigen.

Um besser zu verstehen, worum es dabei genau geht, eignen sich Bräuche wie der Polterabend oder eine Silberhochzeit hervorragend. Wenn auf dem Land eine Hochzeit ins Haus steht, gehört ein Polterabend zum absoluten Pflichtprogramm. Wie bereits in der vergangenen Episode erwähnt, gehören viele Dorfbewohner einem Verein an. Diese Vereinsmitglieder, Arbeitskollegen, Freunde und natürlich die Familie kommen dann zur vorhochzeitlichen Sause. So weit, so normal, Polterabende gibt es schließlich auch in der Stadt. Die Anzahl der Gäste ist auf dem Dorf allerdings unmöglich abzuschätzen. Zu der bereits genannten Festgesellschaft, die Sie ohne Weiteres abzählen können, kommen nämlich auch noch Nachbarn, Bekannte, Freundesfreunde, die Eltern der Freunde, Schulfreunde, ehemalige Arbeitskollegen und gefühlt alle Menschen, mit denen Sie schon einmal Kontakt hatten.

Bei einem Polterabend gibt es keine Einladung, und so können alle teilnehmen, die Sie mögen, neugierig sind, irgendwann mal etwas mit Ihnen zu tun hatten oder sich einfach nur an Ihrem Buffet bedienen wollen. Auch als Zugezogener kann Ihnen das passieren, schließlich ist die Neugier an Ihrem Leben im Dorf groß. Versuchen Sie nicht, sich zu wehren oder Leute wieder wegzuschicken, es ist ein tolles Zeichen, dass die Dorfgemeinde mit Ihnen feiern möchte. Denken Sie immer daran: Sie können jetzt auch zu Polterabenden von Fast-Bekannten und Halb-Nachbarn gehen.

Andere tolle Traditionen sind die zahlreichen Bräuche zu Ehejubiläen. Je nach Dorf, Region und Verbundenheit mit den Nachbarn übernimmt dieser am Ehrentag Ihrer Eheschließung nämlich die Dekoration Ihres Hauseingangs. Dabei werden aus Grünzeug Girlanden und Kränze geflochten und mit viel Liebe an Ihrem Türrahmen angebracht. Passend zum Jahrestag gibt es auch noch goldene oder silberne Schleifchen. Wahlweise werden auch kleine Birkenbäumchen aufgestellt und geschmückt oder lebensechte Strohpuppen mit den Gesichtern des Jubelpaares in den Garten der Feiernden gesetzt. Wenn die Nachbarn nicht aktiv werden, dann sind es oft die Familie, die Klassenkameraden oder Kumpels, die sich um diese Deko-Ideen und deren Umsetzung kümmern.

So ist es übrigens auch beim Polterabend. Keiner kommt einfach nur zum Feiern, oft werden kleine oder wirklich große Überraschungen für das Fest vorbereitet. Gerade diese Vorbereitung muss gut organisiert sein. So übernimmt meist einer der Nachbarn als Chef die Gesamtplanung und verteilt dann die Aufgaben an seine Komplizen weiter. Während dieser Planung, Vorbereitung und Umsetzung fließen natürlich auch das ein oder andere Bier und der Sekt. Meistens kommt in diesen Runden schon mehr Stimmung auf als zur eigentlichen Feier.

Auf dem Dorf sorgt es mittlerweile nicht mehr für großes Aufsehen, wenn der Eingang eines Jubiläumspaares geschmückt wurde. Die Dörfler sehen sich wohlwollend die Deko an, gratulieren und gehen weiter. Ganz andere Aufmerksamkeit würde diese Kreativität jedoch sicher in der Stadt genießen. Wenn ein Dörfler den Hauseingang der Eltern im Hochhaus der nächsten Großstadt schmückt, wüssten die meisten sicher nichts damit anzufangen. Auffallen würde es dagegen jedem. Im Hochhaus allerdings herauszufinden, wer das feiernde Paar ist, um zu gratulieren, dürfte sich als äußerst schwierig erweisen. Deshalb werden sowohl die Eingangstür des Hauses als auch die Wohnungstür der Eltern auf die Feierlichkeiten hinweisen. Man muss sich nur zu helfen wissen.

Auf dem Land wären die Bewohner sicher sogar enttäuscht, wenn ein solcher Brauch ausgerechnet bei der eigenen Silberhochzeit nicht umgesetzt wird. Die Dörfler lieben ihre Traditionen, und das letzte Wort, welches ihnen zu diesem Thema einfallen würde, wäre sicher übergriffig.

WARUM EIN SCHLACHTFEST NICHTS FÜR SCHWACHE NERVEN IST

Seit jeher wird auf den Dörfern und Bauernhöfen geschlachtet. Wer schon bei Schlachtfesten dabei war, wird dieses Ereignis nie vergessen. Zwischen Begeisterung und der Ohnmacht nahe, gibt es eine Vielzahl von Reaktionen auf das Herstellen der eigenen Wurst. Diesen Text sollten Sie nur lesen, wenn Sie sich für den Ablauf und Sinn eines Schlachtfestes interessieren. Aber Vorsicht, das Herstellen von Fleisch und Wurst ist nichts für schwache Nerven.

Bevor es zum Schlachtfest geht, hier noch ein paar Worte zur Definition. In Deutschland steht der Begriff »Hausschlachtung« für eine Schlachtung außerhalb gewerblicher Schlachtstätten, damit sind in der Regel die Höfe der Tierbesitzer gemeint. Das erschlachtete Fleisch wird ausschließlich im eigenen Haushalt des Tierbesitzers verwendet (Eigenbedarf).[43]

Beim Schlachtfest beginnt alles mit dem Metzger/Fleischer Ihres Vertrauens. Besonders häufig werden Schweine zur Schlachtbank geführt, deshalb wird sich der Text auch an diesem Beispiel entlanghangeln. Der Schlachttag beginnt für den Gastgeber sehr früh. Bereits um 5 Uhr morgens wird der Kessel mit Wasser angefeuert, direkt danach wird das Schwein aus dem Stall geholt. Das Tier wird vom Metzger mit dem Bolzenschussgerät betäubt und danach fachmännisch abgestochen, damit es ausbluten kann. Im Anschluss kommt auch die Schlachtgesellschaft ins Spiel.

Nachdem der Metzger das Schwein mit kochendem Wasser übergossen hat, beginnt die Schlachtgesellschaft mithilfe einer Schabeglocke die Borsten des Tieres zu entfernen. Nach der Entnahme der Eingeweide durch den Metzger beginnt der Auftritt des Fleischbeschauers (Amtstierarzt), der ebenfalls an diesem Tag auf den Hof bestellt werden muss. Dieser untersucht das tote Schwein auf Krankheiten und testet damit, ob es für den Verzehr geeignet ist. Nur durch seinen Stempel auf dem Fleisch kann das Schlachtfest weitergehen. Nachdem sich der Schlachtherr für verschiedene Wurstsorten und deren Mengen entschieden hat, portioniert der Metzger das Fleisch. In diesem Moment wartet meist schon die aufgeregte Hausfrau in der Tür, um nach Koteletts, Rouladen und Fleischknochen zu fragen.

Der Rest des Tieres wird zu Wurst verarbeitet, dafür säubert der Metzger das Gedärm, um es dann mit der Wurstmasse zu füllen. Bereits während des Schlachtfestes können Sie vom Wellfleisch probieren und Bratwürste essen. Ein Teil der Würste (z.B. Leberwurst, Blutwurst, Bratwurst) wird am Schlachttag fertig, die geräucherten Sorten, Schinken und Speck brauchen noch ein paar Tage länger. Wenn ein Schwein gut geschlachtet wird, bleiben am Ende nur die Klauen, die abgebrühten Borsten und diverse Knochen übrig. Wenn Sie sich fragen, was mit der Schweineschnauze passiert, die finden Sie wieder, wenn Sie das nächste Mal eine (Schweinskopf-)Sülze genießen.

Noch ein kurzer Ausritt zur Blutwurst: Dafür werden die dafür vorgesehenen Fleischteile geschnitten und mit dem geschlagenen Schweineblut vermischt. Die Masse wird mit Pfeffer, Salz und geheimen Gewürzen abgeschmeckt und in den Darm gefüllt. Danach wird die Wurst im großen Kessel gekocht. Die Gesellschaft des Schlachtfestes kann sich mit dem Fleischer messen, dieser probiert nämlich nicht selten das Gemisch aus geschlagenem Blut und Fleisch, bevor es gekocht wurde. Die Qualität soll schließlich stimmen. Absolut nichts für schwache Nerven und schon gar nicht für jedermanns Geschmack. Vom Anfeuern des Kessels bis zur letzten Wurst können zehn bis zwölf Stunden vergehen. Heutzutage ist es deshalb auch üblich, das eigene Schwein auf den Schlachthof zu schaffen und es am nächsten Tag, zum Schlachtfest, bereits halbiert wieder abzuholen. Natürlich hat dann auch bereits der Fleischbeschauer die Qualität des Tieres für Sie geprüft und seinen Stempel gesetzt. Damit ersparen Sie sich einige der ersten und wirklich harten Arbeitsschritte (wie das Ausbluten, Borsten entfernen etc.). Ihren Eimer mit Blut für die Blutwurst bekommen Sie ebenso mit nach Hause wie das gesäuberte Gedärm und die Innereien. Damit wird Ihnen der schmutzige Teil des Schlachtens abgenommen, und Sie können sich auf das Herstellen der Wurst konzentrieren.

Ein Schlachtfest ist ein Riesenereignis und wird von der Schlachtgesellschaft geradezu herbeigesehnt. Diese besteht meistens aus guten Freunden, der Familie und Nachbarn. Der Tag an sich ist wie beschrieben äußerst arbeitsreich, aber durch den ein oder anderen Schnaps und die Probierhappen wird das Schlachten zu einem wahren Fest, einem Schlachtfest eben.

WIESO ES SICH LOHNT, BEIM ABFISCHEN MIT ANZUPACKEN

Wenn Sie bereits den vorangegangenen Text zum Thema Schlachtfest gelesen haben, dürften Sie verstanden haben, dass es auf dem Dorf etwas härter zugeht und sich der Umgang mit Tieren nicht nur auf den Streichelzoo bezieht. Tiere sind dort vor allem Nutztiere und versorgen die Menschen mit Nahrung.

Genau in diese Kategorie fällt auch das »Abfischen«. Wie das Wort bereits selbsterklärend vermuten lässt, geht es bei dieser Tradition um die Teichwirtschaft. Diese kennt zwei große Erntezeiten im Jahr. Im Frühjahr werden die Teiche mit Setzlingen und der Brut aus den Teichwirtschaften besetzt. Dieser Prozess ist für den Erfolg des Fischjahres von größter Bedeutung. Im Herbst ist dann die Haupterntezeit. Die Fische sind ab Oktober voller Energiereserven aus den Sommermonaten und überstehen die Strapazen der Abfischung ohne Probleme.[44]

Gerade in kleinen Dörfern mit überschaubar großen Teichen packen zahlreiche Dorfbewohner mit an, wenn der Teichbesitzer zum großen Abfischen ruft. Pünktlich zur Kirmes kommen die Helfer so etwas günstiger an frischen Fisch, der Weg dorthin hat es jedoch in sich. Der Oktober zählt bekanntermaßen nicht mehr zu den wärmsten Monaten, und so ist es nicht jedermanns Sache, das Wasser aus einem Teich abzulassen und dabei die Fische in große Behälter zu sortieren. Für alle anderen gibt es Glühwein und Grog, wenn das Bier und der Oktober zu kalt sein sollten. Mit vereinten Kräften geht es dann an die Arbeit. Es wird abgefischt, getrunken, gelacht und gequatscht.

Dennoch geht es professionell zu. Beim Abfischen wird oft auch mit Zugnetzen gearbeitet, um die unzähligen Fische aus dem Teich zu bekommen. Egal, ob Zugnetze, mit dem Kescher oder sogar mit der Hand, am Ende des Tages müssen der Teich leer und alle Fische abgefischt sein.

Die ausgewachsenen Karpfen werden von ihren kleineren Artgenossen getrennt, diese kommen später wieder in den Teich. Die Lebewesen, die nicht genutzt werden können, sind allerdings zum Absterben verdammt. Alles, was nicht abgefischt wird und im leeren Teich bleibt, verendet. Da ist es wieder, das harte Dorfleben. Sie können dies aber auch als Chance sehen, um Ihren Haustierbestand zu vergrößern. Wenn der Teich abgelassen ist und nur noch aus wenigen Pfützen besteht, können Sie mit Ihren Kindern nach Goldfischen suchen und diese mit nach Hause in den Goldfischteich nehmen. Ihre Kinder freut es, der Fisch darf leben, und Sie haben Ihre gute Tat für diesen Tag auch vollbracht.

Die Kirmeskarpfen verweilen übrigens noch eine Woche in einer Wanne im klaren Wasser, um zu entschlammen und so den Dreck aus den Kiemen zu verlieren. Danach dürften Sie den besten und frischesten Karpfen genießen, den Sie je gegessen haben. Wann bekommen Sie Ihren Fisch schon einmal auf so kurzem Weg auf Ihren Teller? Ob Sie ihn dann auch wirklich geschmackvoll zubereiten, entschuppen und zerlegen können, ist allerdings die nächste Frage. Wirklich frisch ist Fisch übrigens nur in den Monaten mit dem Buchstaben R. Im Mai, Juni, Juli, und August wird Sie auf dem Land also keiner zum Karpfenessen einladen, es sei denn, er kann Sie nicht sonderlich leiden.

Aus der Historie: Da es früher noch keine Kühlschränke gab, wurden Fische bis zum Verzehr übrigens in sogenannten Fischkästen am Dorfbach gehalten oder besser gesagt zwischengeparkt. So waren sie weiterhin im Wasser und kamen auch von dort ganz frisch auf den Teller.

WARUM TREIBJAGDEN WIEDER NÖTIG WERDEN

Neben den bereits vorgestellten Traditionen des Schlachtens und Abfischens ist vor allen die Treibjagd auf dem Land äußerst beliebt und weit verbreitet. Klingen diese Traditionen allesamt wie aus dem frühen Mittelalter, gehören sie auch heute noch zum Leben der Dörfler dazu.

Treibjagden finden alle ein bis zwei Jahre in den herbstlichen Monaten statt und gelten als relativ störungsarme Jagdart. Der Unterschied zu den altbekannten Arten der Jagd ist dieser, dass der Schütze, die Treiber und Hunde zusammenarbeiten. Egal, ob im Wald oder auf den Feldern, nur durch die Arbeit der gesamten Jagdgruppe kann die Jagd erfolgreich vonstattengehen. Auch deshalb wird die Treibjagd ebenso Gesellschaftsjagd genannt.

Die Hunde sorgen mit ihrem Gebell für ordentlich Lärm, damit wird das Wild, nachdem es aufgespürt wurde, in Unruhe versetzt. Die Dorfbewohner springen als Treiber ein und bilden eine weitläufige Schlinge um das Wild, diese wird immer weiter zugezogen. Am Ende gibt es für das Tier kein Entkommen mehr, die Schlinge aus Treibern hat sich so weit zugezogen, dass das Wild Auge in Auge vor einem Jäger steht.

Der Sinn der Treibjagd ist vielen Menschen gar nicht bekannt, diese Art der Jagd wird nicht als mörderische Belustigung der Teilnehmer veranstaltet, sondern sie soll das Gleichgewicht in der Natur wiederherstellen. Gerade in unserer Kulturlandschaft vermehren sich Wildschweine und Rehe stark. Durch die Klimaerwärmung kommt es im Winter kaum zu Verlusten, da die Temperaturen nicht tief genug fallen. Auch die Wölfe und Füchse, die natürlichen Feinde, können die Balance derzeit nicht wiederherstellen. Durch die zunehmende Populationsstärke kommt es vermehrt zu Schäden für die Land- und Forstwirtschaft. Um diese Schäden zu reduzieren, sind großräumig angelegte Bewegungsjagden nötig, so werden große Stückzahlen an Wildtieren entnommen, und die behördlichen Abschusspläne können eingehalten werden. Darum gibt es diese Jagden auch heute wieder vermehrt.[45]

Welche Tiere bei einer solchen Jagd getötet werden, richtet sich nach den jeweiligen Populationsstärken der Gattungen. Früher war der Hase noch das meistgejagte Tier bei derartigen Veranstaltungen, mittlerweile rücken die Wildschweine immer mehr in den Fokus der Jäger. Der Hase kann sich dennoch nicht entspannt zurücklehnen und die Treibjagd aus sicherer Entfernung beobachten. Durch die unzähligen neu gebauten Straßen der vergangenen Jahrzehnte hat sich der Bestand der Wildhasen drastisch minimiert, das Auto ist daher mittlerweile der deutlich größere Feind des Langohres.

Wie auch beim Abfischen können alle Freiwilligen aus dem Dorf, die sich für den Ablauf einer solchen Jagd interessieren, helfen und mitmachen. Dennoch zählen alle diese Traditionen als Männerdomäne, Frauen dürfen teilnehmen, sind aber meist deutlich in der Unterzahl. Als Dankeschön gibt es nach getaner Arbeit für die Treibjäger oft Gulaschsuppe und gute Gespräche in geselliger Runde. Für die richtige Stimmung sorgen dann das Jägerlatein und damit die fantasievollen und völlig überzogenen Jagdgeschichten der Anwesenden. Natürlich wird dem gefangenen Treibwild auch die letzte Ehre erwiesen, danach wird es verarbeitet und verkauft.

Es gibt nicht nur Freunde der Treib- und Drückjagden, in vielen Regionen setzt sich die Bevölkerung für das Abschaffen dieser Jagdtradition ein. Es werden auch immer mehr Stimmen laut, die sich für ein komplettes Jagdverbot aussprechen. Als häufige Argumente werden oft genannt, dass die Jagd nicht mehr zeitgemäß sei und außerdem gefährlich für den Menschen. Nicht selten kommt es durch fehlgeleitete Kugeln oder eine falsche Entscheidung des Jägers zu zivilen Opfern.

WARUM DIE LIEBE EIGENE REGELN HAT

Wo wir doch gerade beim Jagen sind: Dass es nicht immer einfach ist, die große Liebe zu finden, ist bekannt. Dass es auf dem Land mit deutlich weniger Menschen noch schwerer ist, die große Liebe zu finden, wissen wir seit Seite 92 des Buches. Im eigenen Dorf kennen Sie wirklich jeden Ihrer Altersgruppe; wenn dort keiner dabei ist, sieht es schlecht aus. Es bleiben zwei Möglichkeiten. Entweder Sie haben das Riesenglück, mal rauszukommen und in der nächstgrößeren Stadt die Frau oder den Mann fürs Leben zu finden, oder Sie wildern im Nachbardorf.

Für den ein oder anderen mag das Wort »wildern« im Zusammenhang mit der Liebe komisch klingen, doch einfach das Mädchen aus dem Nachbardorf abschleppen ist unmöglich. Egal, ob ernste Absichten oder ein kleines Abenteuer, das primäre Ziel ist, will ein Junge auf dem Land ein Mädchen aus einem anderen Dorf treffen, muss er »Jagdgeld« zahlen. Diese Bezahlung geht an die männliche Dorfjugend und wird meistens in Litern abgegeben. Ob in Form von Bier oder Schnaps ist jedem selbst überlassen, aber für das Abwerben eines Mädchens muss einer ausgegeben werden.

Möchte der verliebte Nachbarsjunge nicht als Wilderer dastehen, muss er von allein das »Jagdgeld« entrichten und nicht erst auf eine Aufforderung warten. Es gab schon einige Liebestolle, die diese Regel nicht beachtet, ausgesessen oder umgangen haben. Oftmals waren am nächsten Morgen die Autoreifen des Wilderers verschwunden. War der interessierte Junggeselle die falsche Wahl für das Mädchen aus dem Nachbarort oder hat sich schäbig ihr gegenüber verhalten, so wurde er mit Mistgabeln aus dem Dorf gejagt. Eines muss Ihnen klar sein, wenn Sie auf dem Dorf leben: Traditionen und Bräuche sind kein Spaß. Auch das »Jagdgeld« für zarte Mädchen aus den Nachbardörfern ist eine alte Tradition, und dennoch wird diese nicht selten auch heute noch praktiziert.

Doch auch auf Paare aus dem gleichen Dorf prasselten zur Hochzeit noch mehr Aufgaben und Überfälle ein. Allerdings verschwinden immer mehr dieser Traditionen völlig, werden durch neue ersetzt oder abgeändert. Bei manchen Bräuchen ist das äußerst schade, und andere wird wohl keiner vermissen. Doch entscheiden Sie selbst, was Sie sich zu Ihrer Verlobung und Hochzeit wünschen würden:

Der Junggesellenabschied mit dem Polterabend wurde einen Tag vor der Hochzeit getrennt bei Braut und Bräutigam gefeiert. Die Feiergesellschaft bestand aus allen Unverheirateten des Dorfes und denjenigen, die nicht zur Hochzeit eingeladen waren. Mittlerweile findet der Polterabend meist zwei Tage vor der Hochzeit und gemeinsam statt. Der Junggesellenabschied ist ein Zusammenkommen mit den engsten Freunden bzw. Freundinnen und an einem anderen Tag.

Auch eine verflossene Liebe blieb nicht unerwähnt! Waren die Braut oder der Bräutigam vor der Hochzeit längere Zeit mit einer anderen Person liiert, wurde vom Haus der Verlobten/des Verlobten bis zum Hause der/des Verflossenen Schutt, Buchsbaum, Mulch oder Ähnliches gestreut, um auf die vergangene Liebelei hinzuweisen. Am Morgen vor der Hochzeit bekam die Braut oder der Bräutigam allerdings noch die Chance zu fegen, damit die Hochzeitsgesellschaft nichts davon mitbekam oder über die Vergangenheit tratschte.

In den 30er-Jahren haben die Bräute noch in schwarzen Kleidern geheiratet. Der Grundgedanke war, dass die Braut dieses Kleid auch nach der Hochzeit weitertragen konnte. Erst später setzte sich nach und nach das weiße Kleid durch.

War die Braut bereits vor der Hochzeit schwanger, wurde ein Kinderwagen auf dem Dach des Hauses angebracht und ein Storch am Schornstein. Früher galt es als Schande, wenn die Frau vor der Ehe in freudiger Erwartung war. Noch genauer nahm es die Kirche. Die Verlobten mussten während des Traugespräches mit dem Pastor die Jungfräulichkeit der Frau bestätigen. Wurde gelogen und der Schwindel flog durch ein »Fünfmonatskind« auf, wurde diese Sünde von der Kanzel aus vor allen Kirchgängern bekannt gegeben.[46]

Da heute die Brautpaare häufig schon zusammenleben und die Hochzeit in Restaurants gefeiert wird, fallen die meisten dieser Bräuche weg. Dennoch werden am Hochzeitstag selbst zahlreiche Traditionen wie: Hochzeitstanz, mit Luftballons gefüllte Schlafzimmer, Baumstammsägen, Reiswerfen, Schleierabtanzen und Brautentführung durchgeführt.

WIESO TRADITIONEN IMMER HÄUFIGER EIN FALL FÜRS GERICHT SIND

Traditionen, Bräuche und altbewährte Abläufe gehören in die ländliche Gegend wie Bauernhöfe, kaputte Straßen und vereinsamte Haltestellen. Wer auf dem Dorf lebt, weiß, dass am Morgen der Hahn kräht, dass es nicht immer gut riecht, wenn Gülle gefahren wird, und dass der Mähdrescher des Nachbarn zur Erntezeit keine Wochenenden kennt. Doch immer häufiger gibt es Ärger, Zugezogene oder junge Familien wehren sich gegen alte Abläufe und Traditionen und fordern eine Art Modernisierung der alten Strukturen. Nicht selten gehen solche Fälle sogar vors Gericht.

Dabei geht es nicht (nur) um Kleinigkeiten wie Hundekot im Garten des Nachbarn. Oftmals gehen solche Klagen an die Existenz der Kläger, aber auch der Beklagten. Die nächsten vier Fälle sollen verdeutlichen, wie ernst, komplex und lächerlich zugleich diese Themen sein können.

MAULKORB FÜR DEN HAHN

Das Landesgericht Hildesheim hat schon 1990 einen Bauern gerichtlich dazu verdonnert, »wirtschaftlich zumutbare Maßnahmen gegen Lärmbelästigung«, genauer gesagt gegen seinen krähenden Hahn, durchzuführen. Kräht ein Hahn in der unmittelbaren Nachbarschaft, stellt dies eine Störung des Eigentums dar. Was sich erst einmal nach einem schlechten Scherz anhört, wird verständlicher, wenn Sie sich mit dem Schallpegel eines krähenden Hahnes auseinandersetzen. Das Federvieh schafft es nämlich, mit Straßen- und Baulärm zu konkurrieren, herrlich in den frühen Morgenstunden. Diese Lärmbelästigung muss deshalb behoben oder zumindest vermindert werden. Der Hahn und seine Hennen dürfen bestenfalls umziehen, weg von der Grundstücksgrenze und vom genervten

Nachbarn. Mittlerweile arbeiten Hühnerzüchter aber auch mit schalldämmenden Maßnahmen, um die Guten-Morgen-Grüße des stolzen Gockels zu mildern und damit einen Nachbarschaftskrieg zu verhindern.

Ein ähnlich schräges Urteil gab es 1986 in München. Dort wurden ganze Misthaufen umplatziert. Diese mussten von der Grundstücksgrenze zum Nachbarn entfernt werden, weil jener weder den Gestank mochte, noch mit den Insekten einverstanden war, die der Schweinemist anzog. Das Gespräch über den Gartenzaun brachte keine Einigung, also musste das Gericht die Verlagerung der Exkremente veranlassen.[47]

SCHULDSPRUCH NACH TÖDLICHER KUHATTACKE

Ein deutlich aktuellerer Fall, mit tödlichem Ausgang, hält seit 2014 die Tourismusbranche, Politik und Bauern gleichermaßen in Atem. Damals wurde eine deutsche Touristin im Urlaub von den Kühen eines Tiroler Bauern zu Tode getrampelt. Im Zivilprozess wurde der Landwirt 2019 in erster Instanz schuldig gesprochen. Für ihn fällt eine Strafe über 100.000 Euro an, für den Witwer der Verunfallten und den Sohn wurde eine monatliche Rente beschlossen, die ebenfalls der Landwirt bezahlen muss. Für Experten hat dieses Urteil noch ungeahnte Folgen für die Almwirtschaft.

Der Präsident der Tiroler Landwirtschaftskammer Josef Hechenberger sieht in dem Schuldspruch eine massive Gefährdung der Almwirtschaft und befürchtet ebenfalls Folgen für die Zusammenarbeit mit dem Tourismus. Damit steht für Experten die seit Jahrhunderten praktizierte Form der Almbewirtschaftung auf dem Spiel.

Vonseiten des Gerichtes kommt dagegen Entwarnung. Das Urteil sei ausführlich begründet worden und betreffe nur diesen einen

Unfall an genau dieser Stelle. Ob durch das Urteil dennoch Leitlinien festgelegt werden, bleibt vorerst offen.

Der Anwalt des Bauern hat bereits angekündigt, gegen das Urteil in Berufung gehen zu wollen. Dieser Fall wird die Justiz also weiterhin beschäftigen.[48]

DER NEUE NACHBAR IST EIN GÜLLEBEHÄLTER

Stellen Sie sich vor, Sie leben seit vielen Jahren mit Ihrer Familie auf dem Land und fühlen sich pudelwohl. Sie verstehen sich blendend mit Ihren Nachbarn und engagieren sich im Dorf. Von einem Tag auf den nächsten erfahren Sie dann nicht nur, dass Ihr neuer Nachbar im kommenden Jahr ein Güllepott sein wird, Sie bekommen auch sofort vermittelt, dass Sie absolut nichts dagegen tun können, außer vielleicht die Luft anhalten.

Dieser Fall ist nicht ausgedacht und passiert in ländlichen Gegenden häufiger als gedacht. Natürlich wird Ihnen der Güllebehälter nicht zwei Meter neben Ihr Haus gesetzt, aber auch bei 200 Metern Luftlinie dürften Sie schon etwas die Nase rümpfen. Wenn der Wind ungünstig steht, wird Ihnen vermutlich der Eistee auf Ihrer Sonnenterrasse vernebelt. Natürlich können Sie sich mit Ihren Nachbarn zusammenschließen, denen stinkt die Angelegenheit sicher genauso sehr wie Ihnen. Die Erfolgsaussichten einer Klage sind allerdings äußerst gering.

Das Dorf oder die Stadt kann sich mit Händen und Füßen wehren; wenn der Kreis die Baugenehmigung erteilt, sind den Anwohnern die Hände gebunden. Tatsächlich bleibt Ihnen nur noch der Umzug, wenn Sie sich überhaupt nicht an den neuen, stinkigen Nachbarn gewöhnen können. [49]

ZUGEZOGENE KLAGEN GEGEN KUHGLOCKENLÄRM

Dass das Dorfleben häufig anders ist, als Ihnen in verschiedenen Magazinen vorgegaukelt wird, wurde in diesem Buch bereits häufiger erwähnt und bewiesen. Dennoch ist es keine Seltenheit, dass vor allem durch Zugezogene Ärger auf dem Land entsteht. Wenn Erwartungen und die Wirklichkeit aufeinanderprallen, endet dies auch manchmal vor einem Richter. Der letzte Fall macht allerdings Mut, dass das Dorfleben auch weiter seine historischen und traditionellen Züge behält.

In Holzkirchen, südlich von München, hatte ein zugezogenes Ehepaar eine alleinstehende Bäuerin verklagt, weil sie sich von deren Kühen belästigt gefühlt hatten. Lärmbelästigung durch den Klang von Kuhglocken. Sieben Kühe und Kälber brachten die neuen Nachbarn mit ihrem Gebimmel zur Weißglut. Die Bäuerin hielt an dem bayrischen Brauchtum und damit den Kuhglocken fest und bekam auch juristisch Recht. Die Kühe dürfen ihre Glocken behalten und fröhlich weitergrasen.

Dieses Urteil ist teilweise überraschend. Bereits 1998 erging im sauerländischen Menden nämlich ein Beschluss, dass die Kühe dort zwischen 20 Uhr abends und sieben Uhr morgens nur glockenlos auf der Weide grasen dürfen. Die Bäuerin bei München kam dagegen ohne »Nachtabsenkung« davon. Nerven gelassen hat die gute Frau sicher dennoch, der Prozess lief über fünf Jahre.[50]

WARUM SOMMERHÄUSER TRADITIONEN UND DÖRFER ZERSTÖREN KÖNNEN

Das Thema »Aussterben der Dörfer« wurde bereits auf Seite 29 und 30 besprochen. Durch bestimmte Konstellationen, Umstände und Entwicklungen kommt es dazu, dass die junge Bevölkerung den Ort verlässt, nur die alten Menschen bleiben, und es gibt keine Zuzüge. Besonders einfach ist dies an einem Beispiel zu verstehen. In Zudar auf der Insel Rügen ist die Jugend 50 Jahre alt.

Wenn die jüngsten Bewohner eines Ortes bereits ein gewisses Alter überschritten haben, sind der Verfall und das Aussterben des Dorfes nicht mehr aufzuhalten. Diese Bewohner sind dann die letzte Generation von Einheimischen. Zudar hat die altbekannten Probleme: keine Lebensmittelläden, keine Schule, die Busse fahren selten, und auch die letzte Kneipe im Ort hat endgültig zugemacht. Es gibt nicht genügend attraktive Arbeitsplätze in der Nähe. Wohnten vor der Wende noch 700 Menschen in Zudar, so hat sich diese Anzahl mittlerweile halbiert. Noch viel schlimmer wiegt allerdings die Tatsache, dass dieser Trend nicht aufzuhalten sein wird, die Bewohner immer älter werden und dass Zudar nur ein Beispiel von unendlich vielen Dörfern und Regionen ist. Wenn die letzten Verwandten und Bekannten gestorben sind, zieht es die Jungen gar nicht mehr zurück in die Heimat, nicht einmal für Kurzurlaube.

Vielen Orten in Mecklenburg-Vorpommern geht es schlecht, und die Situation spitzt sich sogar deutschlandweit zu. Keine Region ist mehr sicher vorm Aussterben der Dörfer. Während Orte mit 5.000–10.000 Einwohnern überdurchschnittlich wachsen, kämpfen Gemeinden mit weniger als 2000 Einwohnern ums Überleben. Bedeutet dies, dass es in ein paar Jahrzehnten keine Dörfer mehr gibt und alle Menschen in den Städten wohnen? Nein. Kleine Landstädte und Dörfer an wichtigen Verkehrsadern oder die Seebäder sind weiterhin hoch attraktiv.

Sollten Sie sich Zudar jetzt als einen kleinen, heruntergekommenen Ort mit baufälligen und leer stehenden Häusern vorstellen, liegen Sie völlig falsch. Wenn Sie durch dieses Dorf fahren, werden Sie sanierte, wunderschöne Häuser sehen. Genau diese Tatsache jedoch bricht dem Örtchen endgültig das Genick, denn die schönsten Häuser in Zudar sind Ferienhäuser und damit nur im Sommer bewohnt. Natürlich sind Sommerhäuser in schönen Urlaubsregionen für die Besitzer ein wahrgewordener Traum und ein hervorragender Rückzugsort, das Dorf selbst jedoch leidet unter diesem Modell.

Das Problem ist, dass die Ferienhäuser in den Statistiken der Region nicht auftauchen. Die Zweitwohnsitzler fließen nicht in die Einwohnerzahl ein und werden auch nicht bei den Schlüsselzuweisungen an die Gemeinden berücksichtigt. So entsteht ein Ungleichgewicht in der Infrastruktur und im Dorf selbst. In anderen Ländern mit hohem Ferienhausanteil werden die Sommerhausgebiete durch die Umlagen der reichen Städte finanziert. Dies könnte laut Experten auch ein Modell für Deutschland sein. Es gilt ein Modell zu entwickeln, das das Ungleichgewicht wieder korrigiert. Während es in den Städten immer schwieriger wird, eine bezahlbare Wohnung zu finden, ist es auf dem Land unmöglich, einen Arzt in näherer Umgebung zu haben. Probleme auf beiden Seiten, die verschiedener nicht sein könnten.[51]

8. KAPITEL

WAS SIE NOCH BEACHTEN SOLLTEN

Warum Sie mit Ihrem Handy auf den Berg oder unter den Tisch müssen

Alexander ist aufgeregt, heute ist das große Meisterschaftsspiel in der Fußball-Bundesliga. Der zwölfjährige Berliner kann es nicht fassen, dass er ausgerechnet an diesem Tag zum 80. Geburtstag seiner Großmutter muss. Ich nehme einfach mein Tablet mit, dann ziehe ich mir das Spiel heimlich in irgendeiner Ecker rein, denkt er lächelnd. Gegen Mittag fährt er zusammen mit seinen Eltern zur Oma nach Langenreinsdorf, einer 700-Seelen-Gemeinde in Sachsen. Nach drei Stunden Fahrt fragt er genervt: »Wann sind wir denn endlich da?« Mutter Erna dreht sich um und schaut zu ihm auf die Rückbank, sie antwortet verständnisvoll: »Wir haben es gleich geschafft, mein Schatz, du wirst den Anpfiff schon nicht verpassen.« Alexander schaut aus dem Fenster und sieht die Bauerngüter, Kuhherden und, wie passend, einen Bolzplatz an sich vorbeischnellen. Was für ein Kaff, denkt er genervt und angespannt.

Pünktlich zum Kaffeetrinken kommt die kleine Familie bei der Feier an, die Freude ist groß. Auch Alexander fällt seiner geliebten Oma in die Arme und vergisst für eine Sekunde seinen Fußballfrust. Er hat sie schon viel zu lange nicht gesehen. Doch dann fällt es ihm wieder ein: »Sag mal, Omi, hast du hier in der Kneipe vielleicht einen TV gesehen? Heute ist doch das große Spiel!« Seine Oma lacht und antwortet: »Nein, hier gibt es leider keinen Fernseher, wir sind ja zum Feiern hier, Fußball schauen kannst du ja immer.«

Die Feierlaune von Alexander wird auch nicht größer, als er auf sein Tablet schaut: Kein Internetempfang! Aufgeregt rennt er erneut zum Geburtstagskind: »Omi, Omi, ich brauche das WLAN-Passwort, in zehn Minuten beginnt das Spiel.« Seine Oma schaut ihn verwirrt an: »Das was?« und schickt ihn mit seinem Anliegen zum Kellner. Dieser antwortet freundlich: »Wir haben hier leider kein WLAN, in Langenreinsdorf ist es nicht so einfach mit dem Internet.« Alexander versteht die Welt nicht mehr und schüttelt den Kopf: »Wie kann man denn ohne Internet leben?«

Seine letzte Option ist sein Kumpel Maik. Der sitzt in Berlin beim Public Viewing und muss ihm einfach per Telefon eine Live-Berichterstattung geben. Er ruft ihn an, er versucht es zumindest. Wütend platzt es aus Alexander heraus: »Kein Netz? Ich habe hier auch kein Netz?« Der Kellner geht an ihm vorbei und muss etwas schmunzeln, als er sagt: »Versuche es doch mal unter dem Tisch, in manchen Ecken kann man anrufen.« Das Fußballspiel läuft bereits zehn Minuten. Vor lauter Verzweiflung krabbelt Alex tatsächlich unter den Tisch, nichts passiert. Sein Vater hebt die Tischdecke hoch und schaut zu seinen Füßen: »Alexander, was machst du bitte da unten?« Die Stimme seines Sohnes klingt mittlerweile verzweifelt: »Ich suche Empfang, Netz, Internet, irgendwas.«

Sein Vater lacht und schickt seinen Sohn weiter: »Der Kellner hat sich einen Spaß erlaubt, versuche es an den Fenstern oder geh auf den Sportplatz, an dem wir vorbeigefahren sind. Der lag etwas höher als die Kneipe hier.« Alexander ist sich sicher, dass das der schlimmste Tag seines ganzen Lebens ist. Wütend zieht er seine Jacke an und stapft zum Sportplatz. Dort angekommen, vernimmt er lautes Rufen, Klatschen und angeregte Diskussionen. Er traut seinen Augen kaum, als er die Dorfjugend beim Public Viewing auf dem Sportplatz antrifft. Alle in Sportklamotten und bereit für einen Halbzeitkick in der Werbepause.

»So muss es sich anfühlen, eine Oase in der Wüste zu finden«, ruft er strahlend und rennt zu den anderen Kindern. Die nehmen ihn begeistert auf und wollen alles über Alexander und die große Stadt Berlin wissen.

WIESO SIE MIT SCHLECHTEM INTERNET RECHNEN MÜSSEN UND NIE NETZ HABEN

Kaum Mobilfunknetz und schlechtes Internet sind wohl die hartnäckigsten Gerüchte, die es um das Leben auf dem Land gibt. Provinz bedeutet für viele automatisch, abgeschnitten von der Außenwelt zu sein. So viel sei verraten: Es gibt Internet und Netz zum Telefonieren auf den Dörfern, allerdings ist der Weg dahin oftmals sehr beschwerlich, und die Qualität lässt zu wünschen übrig.

Kaum Sendemasten, und statt Glasfaserkabel gibt es durch Kupferkabel Datenschwund und Qualitätsmängel. In Gegenden mit wenigen Einwohner warten die Bürger oft vergeblich auf eine Anpassung, Verbesserung oder Erneuerung der vorhandenen Technik.

Entweder Sie erklimmen also den höchsten Punkt in Ihrer Umgebung oder Sie platzieren Ihr Handy in einer Höhe von 12,5 cm auf Ihrer Fensterbank, am rechten Fenster in der linken Ecke. Dort müsste der Empfang ausreichen, zumindest, wenn Sie das Handy auf Lautsprecher stellen und es nicht mehr bewegen oder eine SMS schicken möchten. Mit dem Internet läuft es nicht anders. Wenn Sie das große Glück haben, schon länger einen Internetanschluss zu besitzen, haben Sie Ihren neuen Nachbarn wahrscheinlich einiges voraus. Sind Sie gerade erst aufs Dorf gezogen und möchten einen neuen Anschluss – viel Glück! Wenn die vorhandenen Leitungen belegt sind, können Sie sich auf den Kopf stellen, es wird keinen Anschluss für Sie geben.

Auf der »Breitbandkarte« Deutschlands klaffen die meisten weißen Flecken in den ländlichen Gegenden. In vielen Orten ist DSL nur mit einer niedrigen Geschwindigkeit oder gar nicht und Kabel nicht flächendeckend verfügbar. Dennoch gibt es drei Alternativmöglichkeiten, um auch auf dem Dorf surfen zu können:

LTE: ist die bekannteste und verbreitetste Alternative zu DSL und Kabel. Da jedoch die Bandbreite einer LTE-Zelle unter allen

Kunden geteilt wird, kann es in den Stoßzeiten zu einer Beeinträchtigung der Geschwindigkeit kommen.

Richtfunk: Durch Verträge zwischen den Gemeinden und den entsprechenden Richtfunk-Providern können Sie ebenfalls mithilfe dieser Technik surfen. Das Signal kommt über Funkstrecken in das jeweilige Dorf. Um dieses empfangen zu können, benötigen Sie eine Antenne. Diese muss allerdings Sichtkontakt zum Sender haben, schon Bäume können die Technik lahmlegen.

Satellit: Funktionieren alle genannten Möglichkeiten nicht, bleibt als Notlösung die Verbindung via Satelliten. Dafür benötigen Sie eine Satellitenschüssel, gut ausgerichtet und fest auf dem Haus installiert. Allerdings ist die Verbindung sehr anfällig und schwankt. In Stoßzeiten kann die Geschwindigkeit stark eingeschränkt sein.[52]

Es gibt genügend Möglichkeiten, um am Ende glücklich im Internet surfen zu können, aber eine optimale Lösung ist nicht wirklich dabei. Doch wie überall in Deutschland wird auch in den ländlichen Gegenden vor allem in der Arbeitswelt gut funktionierendes Internet benötigt.

Im »Home Office« arbeiten, wie es immer mehr Firmen anbieten, ist nur schwer umsetzbar ohne funktionierende Verbindung zur Außenwelt. Doch auch die Landwirte leiden unter schlechtem Empfang und Internet, mittlerweile erhöht sogar der Bauernverband den Druck auf die Regierung. Mehr Tempo beim Breitbandausbau und Glasfaseranschlüsse auch in ländlichen Gegenden sind das Ziel. Jedoch gibt es durch den Boom in der Branche Kapazitätenengpässe.[53] Damit heißt es auf dem Dorf weiterhin: Nutzen Sie Ihren Festnetzanschluss und stellen Sie sich auf lange Ladezeiten beim Streaming ein. Denn für Videos schauen im Internet wird Ihre Datenmenge vermutlich nicht ausreichen. Lassen Sie sich nicht erwischen, wenn Sie versuchen, das WLAN des Nachbarn zu hacken. Ob dieser dann auch wirklich schneller surft, ist mehr als fraglich.

Warum Sie tierische Nachbarn und Mitbewohner haben

Auf dem Dorf Tiere zu halten, ist dank der großen Grundstücke, der Natur und der bäuerlichen Nachbarn optimal. Egal, ob Hunde, Schafe, Hühner, Hasen, Pferde, Schweine oder Katzen, es gibt kaum Haushalte, die keine Tiere beherbergen, egal, ob Nutz- oder Haustier. Wenn Sie kein Tierfreund sind oder zumindest kein eigenes Haustier haben möchten, dürfte das Dorfleben die ein oder andere pelzige, bissige, fedrige oder wilde Überraschung für Sie bereithalten. Es spielt nämlich keine Rolle, ob Sie ein Tier in Ihrer Umgebung möchten, auf dem Land sind Sie umgeben davon.

Zu den eher unauffälligen Mitbewohnern gehören zum Beispiel Fledermäuse, Igel, Glühwürmchen, Spinnen, Eichhörnchen, Kröten und alle Arten von Insekten. Der Vorteil dieser Tiere ist, dass sie sich meistens außerhalb Ihrer vier Wände aufhalten. Doch Sie wären nicht der erste Mensch, der sich vor Fledermäusen fürchtet, Spinnen ekelhaft findet oder glaubt, von Kröten Warzen zu bekommen. Wenn es Ihnen so geht, machen Sie einen Bogen um die Tierchen, sie werden auch nicht freiwillig Ihre Nähe suchen.

Ärgerlicher sind da schon Herr Fuchs und Herr Maulwurf. Nicht selten kommt es auf dem Land zu wahren Überlebenskämpfen, wenn der Fuchs aus dem Wald einmal mehr den Weg in Ihren Hühnerstall findet. Für abgehärtete Bauern ist dieses Ereignis schlimm und ärgerlich, aber es gehört zur Natur. Wenn Sie allerdings einfach nur Ihre eigenen Eier haben möchten und deshalb Hühner halten, dürfte Sie am Morgen der Schlag treffen, wenn Sie in Ihren Hühnergarten voll mit totem Federvieh kommen. Willkommen auf dem Dorf, Natur pur. Ähnlich blutig geht es zu, wenn die Nachbarskatze (oder sogar Ihre eigene heiß geliebte Sofakatze) auf den Geschmack gekommen ist und jeden Tag eine tote Maus vor Ihren Hauseingang legt. Nicht selten liegt der Kopf des kleinen Nagers an einer anderen Stelle oder ist ganz verschwunden. Dann können Sie sich

nur wünschen, dass Sie noch nicht gefrühstückt haben, wenn Sie die Trophäe Ihres Stubentigers vorm Haus zusammenlesen oder den als vermisst geltenden Kopf auf Ihrem Sofa wiederfinden.

Mindestens genauso ärgerlich, aber ganz ohne Blut, wird der Maulwurf Ihre Geduld prüfen. Der kleine halb blinde Insektenfresser hat nämlich etwas gegen Ihren englischen Rasen. Egal, ob im Garten, zwischen den Spielgeräten der Kinder oder neben dem Pool, die Erdhügel des Maulwurfs tauchen immer da auf, wo Sie diese am wenigsten brauchen. Sollten Sie das große Glück haben, ihn auf frischer Tat zu ertappen, denken Sie nicht einmal daran, ihm auch nur ein Haar zu krümmen. Der Maulwurf steht unter Naturschutz und kann seine Dreckhaufen auftürmen, wo immer er will. Diese dürfen Sie dagegen jederzeit entfernen und schauen, wer den längeren Atem hat.

Für richtig Unordnung bei Ihren Mülltonnen und in Abstellräumen können dagegen Waschbären sorgen. Diese vermehren sich seit Jahren rasant und hinterlassen auf der Suche nach Nahrung Chaos pur. Vor allem, wenn Sie selbst Obst, Gemüse oder Wein anbauen, könnten die kleinen Fellmonster zur Plage werden. Doch auch hier ist Selbstjustiz verboten. Das Fangen und vor allem Töten der Waschbären muss beantragt werden und macht wenig Sinn. Die Population dieser Tiere passt sich nämlich an; wenn Sie einen töten, erfreut sich am nächsten Tag ein anderer Waschbär an Ihrem Müll.

Ein weiterer, äußerst unbeliebter pelziger Nachbar ist der Marder. Dieser fühlt sich vor allem in der Motorhaube Ihres Autos wohl und knabbert gern an den Kabeln Ihres Wagens. Die Elektrokabel haben es ihm angetan, doch schlimmstenfalls erwischt er sogar den Bremsschlauch. Da bestimmte Marderarten geschützt sind, dürfen Sie allerdings auch in diesem Fall nicht handgreiflich werden, und es bleibt Ihnen nur die Abwehr der Tiere durch Ultraschallwellen oder Pferdehaare unter der Heckklappe.

WARUM DIE MOHNBLUMEN AUF DEN FELDERN FAST VERSCHWUNDEN SIND

»Das Getreide wiegt sich sacht im Wind, und dazwischen tanzen immer wieder knallrote Mohnblumen im Sonnenlicht. Am Feldrand tummeln sich zahlreiche Insekten in den saftigen Gräsern, und die Bienen laben sich an den blühenden Wildblumen. Am Waldrand entdecken Sie ein Reh, während Sie auf Ihrer Picknickdecke die Stille und ein Glas Wein genießen.«

So oder so ähnlich stellen sich einige Menschen das Leben auf dem Land vor. Bitte seien Sie jetzt nicht enttäuscht, diese Idylle werden Sie heute kaum noch finden. Die Insekten und Mohnblumen sind fast überall verschwunden, die Stille weicht zur Erntezeit dem Lärm der großen Maschinen, und die Bienen suchen vergeblich nach Wildblumen. Natürlich gibt es irgendwo noch Dörfer oder Regionen, wo Sie ein solches Idyll vorfinden können, früher war es tatsächlich überall so. Früher bedeutet in diesem Fall, die Zeit vor den chemischen Unkrautvernichtern, Schädlingsbekämpfungsmitteln, die Zeit ohne Maschinen und genmanipulierte Lebensmittel. Diese Zeit ist jedoch schon längst vorbei.

Herbizide, Fungizide und Insektizide, all diese Begriffe klingen wie Krankheiten oder genau nachdem, was sie sind, chemische Mittel zur Unkrautvernichtung und Schädlingsbekämpfung. Bereits vor Jahrtausenden nutzten die Menschen Dünger für ihre Felder, um einen möglichst hohen Ertrag zu generieren. Dünger und Herbizide haben allerdings nicht viel gemeinsam.

Den Begriff »Dünger« kennen die meisten, dass sich dahinter die Ausscheidungen von Mensch und Tier verbergen, wissen dagegen nicht alle. Gedüngt wird schon seit Ewigkeiten, aber irgendwann hat die Kraft der Natur nicht mehr ausgereicht, um den Ernteertrag so weit zu steigern, dass der Mensch damit zufrieden war. Aus den Hilfsmitteln der Natur wurde die Unterstützung durch chemische Mittel.

Die Landwirtschaft ist hart, und vor allem Kleinbauern auf dem Land haben es besonders schwer. Um bei den hohen Hektarerträgen mithalten zu können, wird auch auf den Dörfern mit der chemischen Keule gekämpft. Die Schädlinge auf den Feldern sind heute deutlich resistenter als früher, ohne Chemie kommt es oftmals zu Ernteausfällen. Durch die chemischen Stoffe haben Tiere wie Kartoffelkäfer und Blattläuse keine Chance mehr.

Ähnlich funktionieren Unkrautvernichter. Das Unkraut nimmt den angebauten Pflanzen Nährstoffe und Platz, deshalb muss es vernichtet werden. Durch die Unkrautvernichter verschwindet allerdings auch eine Vielzahl von Gräsern und wild wachsenden Blumenarten. Spätestens an dieser Stelle nimmt der Mensch auch Einfluss auf die Tierwelt.

Wo keine Gräser sind, gibt es keine Insekten, das Insektensterben wird immer umfangreicher. Ohne Wildblumen werden Sie in der Nähe der Felder auch keine Bienen entdecken, diese brauchen eine abwechslungsreiche Ernährung. Der Rückgang der Bienenvölker ist für die Natur dramatisch und hat ebenso Auswirkungen auf die Natur wie das Insektensterben (keine Bestäubung mehr). Gelingt es den Menschen nicht, diesen Trend aufzuhalten, wird es zukünftig große Einbußen bei der Ernte geben (Obst und Gemüse) und die Artenvielfalt wird extrem leiden. Die Folgen für die Wirtschaft sind ebenso absehbar.

»Gespritzt«, so nennt die Landwirtschaft das Zerstäuben der Unkrautvernichter auf den Feldern, wird teilweise mehrmals am Tag. Diese Behandlung ist nicht mit einer einmaligen Anwendung getan. Möchte der Bauer seine Felder dauerhaft von Schädlingen und Unkraut befreien, erfordert es auch eine dauerhafte Anwendung von Pestiziden und Herbiziden. So werden Schädlinge vernichtet und alle Pflanzenarten, außer die angebaute Pflanze, kleingehalten oder ebenfalls vernichtet. Was nicht zur Ernte gehört, muss weg.

Sicher sind Ihnen schon einmal die gleichmäßigen Traktorspuren in den Feldern aufgefallen. Diese sind nötig, damit der

Landwirt ohne Probleme seine Felder gießen, abernten, aber eben auch spritzen kann, ohne seine Pflanzen zu verletzen oder zu zerstören. Die modernen Traktoren fahren mit GPS-Daten, nur so kann gewährleistet werden, dass immer wieder exakt die gleiche Fahrspur benutzt wird.

Das Dorf- und Naturidyll rückt durch den Wunsch und den Druck nach Ertrag in den Hintergrund. Die Landwirtschaft ist Existenzkampf pur, wer nicht mit den neusten Methoden arbeitet und sich anpasst, wird es schwer haben, konkurrenzfähig zu bleiben.

WIESO DORFKNEIPEN UND STAMMTISCHE UNERSETZLICH SIND

Im Duden wird das Wort »Stammtisch« wie folgt erklärt: »(meist größerer) Tisch in einer Gaststätte, an dem ein Kreis von Stammgästen regelmäßig zusammenkommt und der für diese Gäste meist reserviert ist«. Damit ist zur Bedeutung alles gesagt, und doch haben Sie nicht einmal annähernd erfahren, was ein Stammtisch und die dazugehörige Dorfkneipe für das soziale Miteinander auf dem Dorf bedeuten. In den ländlichen Gegenden ist der Stammtisch ein Ort, um sich zu treffen, zu trinken, zu schimpfen, zu fluchen, zu lachen, zu weinen, dort werden die härtesten Skatduelle ausgetragen, er dient als Jobbörse und bietet allen Dorfbewohnern einen Ort, an dem ihnen immer jemand zuhört und einen Rat weiß.

Früher war es den Männern vorbehalten, zusammen am Stammtisch zu sitzen, Bier und Schnaps zu trinken und über Gott und die Welt zu sprechen. Natürlich gibt es auch heute noch Stammtischrunden, die bewusst auf die Anwesenheit von Frauen verzichten, aber die Regel ist es nicht mehr. Die meisten Frauen machen allerdings freiwillig einen großen Bogen um derartige (angetrunkene) Männerrunden. Spätestens, wenn die Karten auf dem Tisch liegen und die Herren der Schöpfung um Geld spielen, ist Flucht die beste Wahl. Es wird laut, es werden unschöne Dinge gesagt, und jede Woche wird sich erneut über den falschen Spielstil gestritten. Um das Thema zu wechseln und vom eigenen Unvermögen abzulenken, kommen die Herren dann auch auffällig oft zum Thema Fußball oder berichten von ihrem übernatürlichen Einsatz bei der Arbeitsstelle, der natürlich vom Chef oder der Gattin nicht erkannt wird. Gut, wenn sich die Frauen gegen den Stammtisch und für ein Treffen in der Wellness-Oase, in einer Bar oder im Fitnessstudio entschieden haben.

Dreh- und Angelpunkt einer Dorfkneipe ist der Wirt oder die Wirtin. Mit dem Gastgeber steht und fällt der Erfolg der Lokalität. Kneipenwirte sind loyal, verschwiegen, haben immer ein offenes Ohr und wissen Rat, anders funktioniert es nicht. Sie müssen die Bewohner des Dorfes und ihre Geschichten kennen, müssen verstehen, wer familiär zusammengehört, und ihre Erkenntnisse dennoch für sich behalten. Ein fremder Gaststättenbesitzer hat es vor allem auf dem Land unfassbar schwer, ist zu 90 Prozent zum Scheitern verurteilt. Der Bekanntheitsgrad, das Ansehen im Dorf und das Netzwerk des Kneipiers sind elementar für den Erfolg seines Wirtshauses. So ist es auch bei Vereinsheimen, Fußballkneipen, Restaurants und Imbissen. Der Wirt ist im Dorf mindestens so bekannt wie der Bürgermeister und der Pfarrer.

Gerade Dörfler wissen gern, woran sie sind. Egal, ob Stammtisch, Familienfeiern oder das Treffen mit dem Jagdverein, beim Gang in die dorfeigene Gaststätte fühlen sich die Gäste heimisch, verstanden und gut aufgehoben. Deshalb ist es in den ländlichen Gegenden fatal, wenn es keine Dorfkneipe mehr gibt. Oftmals gibt es in kleinen und abgelegenen Provinzen dann keinen Ort für gemeinsame Treffen mehr. Die Vereine und Stammtischrunden müssen in die umliegenden Städte, um ihre Versammlungen abzuhalten. Lustig, laute Skatmatches finden nicht mehr statt. Die wenigsten Gaststätten können sich halten, wenn sich nur einmal in der Woche der

Stammtisch trifft und monatlich der Geflügelzüchterverein zusammenkommt. Familienfeiern sind nur an den Wochenenden, und damit kann kein festes Personal eingestellt werden, wenn unter der Woche kaum Gäste kommen. Ein Teufelskreis.

Sollten Sie sich dennoch als Zugezogene oder Zugezogener dafür entscheiden, in ihrem Dorf eine Kneipe zu eröffnen, sollten Sie unbedingt hartnäckig, fleißig, bodenständig, flexibel und vor allem anpassungsfähig sein.

Wenn Sie nur Ihrem Plan folgen, sich nicht auf die (zum Teil sicher skurrilen) Wünsche der Dorfbewohner einlassen und auf Krampf Ihr 5-Sterne-Resteraurant durchziehen wollen, so werden Sie spätestens nach einem Jahr die Türen zu Ihrem Restaurant wieder schließen können. Es spricht sich schnell herum, wie Sie mit Ihren Gästen umgehen und was Sie anbieten, unterschätzen Sie niemals die Mundpropaganda auf dem Dorf. Hier schaut sich keiner Ihre Bewertungen in einer Suchmaschine an, hier menschelt es, und Sie müssen als einer von ihnen überzeugen (siehe Seite 54 ff. zum Thema »Dorftratsch«).

WARUM DÖRFLER EIN GANZ EIGENER SCHLAG MENSCH SIND

Es wäre nicht ehrlich zu sagen, dass Menschen vom Dorf die tolerantesten und offensten ihrer Spezies sind. Gewisse Dinge sind gerade in der Provinz eingefahren, und eine häufig vertretene Meinung ist: »Das war immer so, und so war es auch immer gut!«

Auf viele Außenstehende und frisch Zugezogene wirken die Dörfler deshalb oftmals dickköpfig, altmodisch und eingefahren. Ganz können diese Vorurteile auch nicht von der Hand gewiesen werden, aber Sie können jederzeit auf Worte wie »eisern«, »traditionell« und »konventionell« zurückgreifen.

Fakt ist, die Menschen auf dem Land sind bodenständig, anständig, ehrlich und oftmals etwas schroff, derb und direkt. Wenn Sie auf dem Land groß werden, bekommen Sie meistens ein gesundes Selbstbewusstsein in die Wiege gelegt und lernen schon früh, sich durchzusetzen. Dadurch ist es den Dörflern auch völlig egal, was der Rest der Welt über sie denkt. Zwischen Haus, Hof, der Arbeit, der Familie und dem Bier mit dem Nachbarn bleibt keine Zeit, um über andere Menschen außerhalb des Dorfes nachzudenken.

Erschrecken Sie nicht, wenn Sie neu aufs Land gezogen sind und der Umgangston ziemlich rau ist. Das liegt nicht daran, dass Sie nicht gut ankommen oder Sie keiner mag, auf dem Dorf wird härter kommuniziert als außerhalb. Bei der Arbeit verschwindet das Wort »bitte« häufig vollständig, und aus Sätzen werden Schlagworte oder Befehle. Der kleine Max hört von seinem Vater nicht den Satz: »Maximilian, kannst du uns bitte beim Heueinfahren helfen« durch seine Zimmertür säuseln, er hört quer durchs Haus: »Max! Heu!« Wer diesen Ton von klein auf kennt, schreckt auch nicht mehr zusammen.

Für Außenstehende kann ein solcher Befehlston allerdings durch Mark und Bein gehen. Sie können sich auch auf Sätze wie »Da sind aber ein paar Gramm mehr auf der Hüfte als vor Weihnachten« oder »Bei Ihren Händen haben Sie sicher noch nie richtig gearbeitet« gefasst machen. Dabei ist der Grundgedanke keineswegs, Sie zu verletzen, aber gerade ältere Menschen vom Dorf und Bauern tragen ihr Herz auf der Zunge. Falls Sie sich also angeschrien oder grob angepackt fühlen sollten, atmen Sie durch und behalten es für sich. Dem Dörfler dürfte nämlich ziemlich egal sein, wie bei Ihnen zu Hause miteinander gesprochen wurde.

Wie bereits mehrfach erwähnt, machen Menschen vom Land viele Sachen selbst und haben gewisse Dinge am liebsten selbst in der Hand. Die Motorräder und Fahrräder werden selbst repariert, die Autos werden mit den eigenen Händen in der Einfahrt oder auf dem Hof geputzt, und eine Wäscherei haben die wenigsten jemals von innen gesehen. Wer selbst macht, baut, schafft und entwirft, braucht dementsprechende Kleidung. So kommt es, dass es auf dem Land gang und gäbe ist, dass die Menschen mehr Arbeitskleidung und Freizeitkleidung haben als schicke Ausgehoutfits, Anzüge oder Kleider. Wenn ein Bauer bei der Arbeit ist, ist ihm sein Outfit wirklich schrecklich egal.

Die besondere Verbundenheit von Landmenschen und der Natur ist kein Geheimnis. Die Liebe geht sogar so weit, dass sie unter freiem Himmel schlafen. Schon als Kinder werden auf der eigenen Wiese die Zelte zum Übernachten aufgebaut und mit den Nachbarn am Lagerfeuer erzählt. In der Jugend verbringen manche Pärchen ihre gemeinsamen Nächte heimlich auf dem Heuboden in der alten Scheune. Auf dem Land haben Sie noch die Möglichkeit, auf freien Feldern in völliger Einsamkeit auf Ihrer Decke in den Sternenhimmel zu schauen und nichts zu hören außer dem Zirpen der Grillen.

Eine weit verbreitete Eigenart, die Ihnen dagegen einen Schauer über den Rücken jagen dürfte, ist der Umgang von Dörflern und Bauern mit Verletzungen und Wunden. Salopp gesagt: Wer braucht schon einen Arzt, wenn man doch selbst operieren kann. Dass ein Spreißel oder Schiefer mithilfe einer Nadel von Papa aus den Fingern der Kinder operiert wird, mag noch nicht ganz befremdlich und machbar klingen. Doch auch bei angebrochenen Rippen, verstauchten Fingern, Quetschungen und kleineren offenen Wunden, wird selbst Hand angelegt, und der Weg zum Arzt scheint verpönt. Bei Ohrenschmerzen wird Watte in den Gehörgang gestopft und gewartet, bis der Schmerz nachlässt. Die vereiterten Ohrlöcher der Gattin werden in einer Nacht-und-Nebel-Aktion vom eingewachsenen Ohrring befreit, so ergeht es auch eingewachsenen Zehennägeln.

Natürlich greifen die Menschen vom Land auch gern auf die Natur zurück, wenn etwas heilen muss. Wer sich im Bereich der Pflanzenkunde auskennt, kann so ohne Probleme Warzen bekämpfen (Schöllkraut), anstrengenden Husten besänftigen (Zwiebelsaft) oder den eigenen Liebeskummer mit Lavendel verräuchern. Jede Familie auf dem Land hat ganz eigene medizinische Tipps und gibt diese von Generation zu Generation weiter. Nicht ohne Grund gibt es natürliche Heilmittel, Kräuter, Säfte und Tinkturen, die Sie einfach auf jede Wunde schmieren können, bei Ihrer Ur-Ur-Uroma hat das schließlich auch immer geholfen. Wenn Sie sich also verletzten sollten, der Nachbar wird Ihnen gern mit Schere, Messer, Nadel oder Faden zur Hand gehen. Ob Außenstehende das komisch finden, ist den Dörflern ziemlich, Sie ahnen es schon, egal.

WIESO SIE IHREN UMZUG AUFS DORF GUT ÜBERDENKEN SOLLTEN

Wenn Sie aufgrund der schlechten Luft das Fenster in Ihrer Stadtwohnung schließen, in diesem Moment sehen, wie die S-Bahn direkt vor Ihrem Haus vorbeischnellt und der Kneipier von gegenüber die Partyreste der vergangenen Nacht von der Straße kratzt, wünschen Sie sich vielleicht manchmal eine Wohnung oder ein Haus auf dem Dorf. Viele Städter stellen sich ein Leben auf dem Land idyllisch, ruhig, naturnah und erholsam vor. Nicht selten reichen diese Gründe für den Wunsch, der Stadt zu entfliehen und aufs Dorf zu ziehen.

Wie immer gibt es dafür zahlreiche Pro und Kontras, Für und Wider, Argumente und Gegenargumente. Im ersten Moment spricht für das Leben auf dem Dorf:

- die schöne Landschaft, viel Natur und Grün
- die guten Voraussetzungen für Tierhaltung (Haustiere und Pferde etc.)
- die Ruhe, kaum Verkehrslärm
- die Möglichkeit, in der Stadt zu arbeiten und auf dem Dorf zu leben

- die gute Luft und der Klang der Natur (Vögel, Grillen etc.)
- das günstige Bauland
- die Möglichkeit auf ein eigenes Haus mit großem Garten

Doch wenn Sie das Dorfleben nicht kennen, es nie länger erlebt haben und auch nicht auf dem Land groß geworden sind, werden Sie sich wundern. Nicht selten kommt es vor, dass sich Zugezogene innerhalb kürzester Zeit mit Ihren Nachbarn zerstreiten oder sich mit Ihnen verbünden wollen. In beiden Fällen ist der Hintergrund niederschmetternd.

Wenn der Wind ungünstig bläst, ist es durchaus denkbar, dass Ihnen der Geruch des Silos den lauen Sommerabend auf der Terrasse vermiest. Wenn dies den dritten Tag in Folge der Fall ist, werden Sie davon genervt sein. Natürlich können Sie sich mit der Dorfgemeinschaft zusammentun und versuchen, gegen das Silo, das dort seit 20 Jahren steht, zu demonstrieren, aber Ihre Erfolgschancen und die Teilnehmerzahl an Demonstranten können Sie sich sicher selbst ausrechnen.

Es gibt Dinge auf dem Land, die Sie hinnehmen müssen, egal wie nervig diese sind. Wenn im Frühjahr der Raps blüht, geben die leuchtend gelben Blüten sicher ein romantisches Bild auf den Feldern ab, aber sie stinken und lösen Allergien aus. Wenn Sie ungünstig wohnen, dürfen Sie sich auch an Ihren Fenstern an den Rapspollen erfreuen, und auch Ihr Auto wird nach der gelben Bepuderung in neuem Glanze erstrahlen.

Sicher ist es schön, nach getaner Arbeit in der Stadt nach Hause aufs Dorf zu fahren und seinen Feierabend in aller Ruhe, im Grünen und im eigenen Garten zu genießen. Allerdings müssen Sie bedenken, dass Sie den Weg aus dem Dorf in die Stadt ständig zurücklegen müssen. Sie brauchen das Auto zum Einkaufen, wenn Sie zum Sport wollen, um Ihre Kinder zu Freunden zu fahren und selbst, wenn Sie sich in einem Café mit Ihren Kollegen treffen möchten. An all diesen Dingen können Sie nichts ändern, und es ist nicht leicht, diese Gegebenheiten anzunehmen, wenn Sie bereits anders gelebt haben und derartige Situationen nicht kennen.

Außerdem gibt es zahlreiche Dinge, die Sie gegen Ihren Nachbarn aufbringen könnten. Hat dieser Perlhühner oder Gänse im Garten, werden Sie die Geräusche irgendwann nicht mehr ertragen können. Ist dieser begeisterter Schweinewirt, werden Sie den Geruch bei geöffneten Fenstern mit ins Bett nehmen. Arbeitet er hauptberuflich als Landwirt, wird er zur Erntezeit auch am Wochenende und in den frühen Morgenstunden seinen Traktor vom Hof fahren. Dafür wird der Häcksler aus dem Geräteschuppen gewuchtet, und auch alle anderen Vorbereitungen gehen nicht geräuschlos vonstatten.

Sicher können Sie mit Ihrem Nachbarn das Gespräch suchen, aber auch hier wird es keine Lösung geben, die beide Seiten glücklich macht. Die Schweine und ihre Exkremente werden nicht aufhören zu stinken, die Perlhühner und Gänse werden sich nicht an den Lärmschutz halten, und die Erntezeiten lassen sich für Ihren Schönheitsschlaf nicht auf Nachmittag verschieben.

All diese Szenarien müssen natürlich so nicht eintreten und sind extrem formuliert, dennoch sollten Sie sich vor einem Umzug aufs Land mit genau diesen Dingen beschäftigen. Stellen Sie sich die Frage, wie tolerant, anpassungsfähig und verständnisvoll Sie sind und was Sie über Ihre Wahlheimat überhaupt wissen.

WARUM DER NAME EINE GROSSE ROLLE SPIELT

In ländlichen Gegenden gibt es auffällig viele Eigenheiten bei der Namensgebung. Dabei geht es nicht etwa um die Qual der Wahl beim Vornamen nach der Geburt, sondern vielmehr um Spitznamen, auch Übername oder Neckname genannt. Sie entstehen anhand von äußeren Merkmalen oder typischen Verhaltensweisen und werden teilweise sogar vererbt.

Neben der Tatsache, dass auf dem Land kaum einer ohne einen Spitznamen auszukommen scheint, werden auch die Nachnamen benutzt, wie es eben in diesem Dorf gerade vorgelebt wird. Egal, wie alt eine Frau ist oder wie lang sie bereits durch die Ehe einen anderen Namen angenommen hat. Es kann sein, dass sie ein Leben lang mit ihrem Geburtsnamen, dem Namen ihrer Eltern, angesprochen wird. Wenn Helga Schmidt ihren Heinz Müller heiratet, wird sie dennoch weiterhin Schmidt genannt, wenn über sie gesprochen wird. Getreu dem Motto: »Das ist doch schon immer eine Schmidt«. Noch verwirrender wird es in manchen Dörfern, in denen der Nachname vor den Vornamen gesetzt wird. So wird aus Helga Schmidt die Schmidts Helga, die ja eigentlich schon seit 30 Jahren Helga Müller heißt. Vermutlich kann »die Schmidts Helga« gut mit dieser Tatsache leben und weiß, dass sie damit gemeint ist. Verwirrend wird es nur für die nachfolgenden Generationen im Dorf. Wer Helga Schmidt nie unter ihrem Geburtsnamen kennengelernt hat, sondern noch jung ist und damit nur Helga Müller kennt, der kommt beim Dorftratsch ganz sicher durcheinander. Würde sich die Dorfgemeinde also durchringen und den aktuellen und korrekten Namen von Frau Müller verwenden, wüssten auch die Nachwuchsdörfler, um wen es geht. Allerdings wären dann die Dorfrentner mächtig verwirrt, denn eine Helga Müller kennen sie nun wirklich nicht. Dass die Schmidts Helga vor 30 Jahren den Müller Heinz geheiratet hat, scheinen sie komplett ausgeblendet zu haben.

Wenn Sie glauben, dass der Namensirrsinn damit ein Ende hat, liegen Sie falsch. Das Thema ist deutlich komplexer und eigentlich auch viel verwirrender. Wenn ein Dörfler besonders markant, bekannt oder berüchtigt war, vererbt dieser Bürger seinem Haus, Hof oder Gut sogar seinen Namen. Damit wird das Haus von Heinz Müller immer das Haus von Heinz Müller bleiben, selbst wenn seit zwei Generationen eine andere Familie mit anderem Namen dort wohnt. Im Dorf wird es weiterhin »das Haus von Heinz Müller sein«, wenn darüber gesprochen wird. Warum das so ist? Weil sich Spitznamen auch vererben, sogar innerhalb der Familie.

Wenn der Vater Ahni, Wolle oder Matscher heißt, heißen die Kinder nicht selten und auch nicht sonderlich originell: Der kleine Ahni, der kleine Wolle und der kleine Matscher! Diese Namen kommen Ihnen befremdlich und eigenartig vor? Es geht deutlich schlimmer und keiner auf dem Land kann es verhindern, einen Spitznamen zu bekommen. Wer diesen nicht erbt, bekommt einen Namen, welcher zu seinem Aussehen, seinem Charakter oder seinem Verhalten passt. Hat sich dieser Name erst einmal rumgesprochen, wird er an Ihnen kleben wie Kaugummi am Schuh. Natürlich wird keiner danach fragen, ob Ihnen der Name gefällt oder passt. Sehen Sie es einfach als Kompliment, damit sind Sie definitiv Teil der Dorfgemeinschaft.

Falls Ihren Nachbarn wider Erwarten kein Übername für Sie einfällt, werden auch gern die Berufsbezeichnungen der »Namensopfer« vor ihren Vornamen gebastelt. So wird aus Tanja »die Bäcker Tanja«, aus Thomas »der Fleischer Thomas« und aus Maik »der Gülle Maik«, weil er eben Jauchefahrer ist.

Besonders speziell sind auch die Namen für die Nachbardörfer und ihre Bewohner. Bekannt dafür ist vor allem Thüringen. Dort werden benachbarte Dörfler gern mit Namen wie »Kuunzer Ochsen«, »Geersche Fettguschen«, »Rolschter Brummochsen« oder »Isenächer Töpfeschisser« betitelt. Keiner will »Buffbohne«, »Quatschbemme« oder »Schneckenhengst« genannt werden, und dennoch neigen Ortschaften zu kleinen, oft spaßig gemeinten Rivalitäten.[54] Dass die Dorfgemeinschaft äußerst kreativ werden kann, wenn es um Namen geht, dürfte damit hinreichend bewiesen sein. Wissen Sie eigentlich, wo Sie Ihren Spitznamen herhaben und wie er entstanden ist?

WIESO MENSCHEN SOGAR NEUE DÖRFER ERFINDEN

Sie haben es satt, nach unzähligen Regeln zu leben, stundenlang am Schreibtisch im Büro zu sitzen, nicht zu wissen, was in Ihrem Essen ist oder mit was es behandelt wurde, Ihre Nachbarn ständig streiten oder sich versöhnen zu hören, und Sie wollen wieder viel näher bei sich selbst sein? Dann gründen Sie doch einfach ein eigenes Dorf! Sicher glauben Sie jetzt, dass das eine Schnapsidee ist, am Stammtisch nach der zehnten Schnapsrunde entstanden und nur eine wilde Spinnerei. Seit 2010 ist dieser Wunschtraum allerdings Wirklichkeit. In Kreßberg, im Nordosten von Baden-Württemberg, entstand die Ökosiedlung Tempelhof, und die Bewohnerzahlen steigen stetig an. Das Dorfgelände umfasst 30 Hektar, und mittlerweile haben sich 150 Bewohner angesiedelt.

Der Grundgedanke des Dorfes ist einfach: ökologisch nachhaltig und sozial gerecht soll es sein, im Vordergrund steht außerdem die sinnerfüllte Daseinsform. Bei der Gründung des Tempelhofes fanden sich 20 Menschen aus vielfältigen Gesellschafts- und Glaubensrichtungen zusammen und arbeiteten drei Jahre an der gemeinsamen Vision. Wohn- und Arbeitsmöglichkeiten gibt es dort für 200 Menschen, das Grundstück selbst war zuvor ein verlassenes Dorf mit einigen leer stehenden Gebäuden.[55]

Überraschend dürfte sein, dass die meisten Dorfbewohner aus der Großstadt kommen, viele von ihnen lebten eher als Einzelgänger und haben sich bewusst für ein Leben in einer großen Gemeinschaft entschieden. Früher Bereichsleiter in einem Riesenkonzern und heute Viehzüchter in Tempelhof, dieser Werdegang ist nicht selten. Das Obst und Gemüse, welches im Dorf angebaut wird, reicht für den Eigenbedarf. Zwischen Feldern mit Nutztieren befindet sich eine Käserei, Metzgerei, Imkerei, Schlosserei, Schreinerei, Schneiderei und ein Kindergarten. Neben zahlreichen weiteren Dienstleistern wird im Dorf auch experimentiert, die Strom- und Wasserversorgung soll optimiert werden.

Die Bewohner verstecken sich nicht, im Gegenteil. Es gibt zahlreiche Gästezimmer, und wenn dieser Platz ausgeschöpft ist, werden Zeltlager für Besucher eingerichtet. Die anderen knapp 4000 Bewohner aus Kreßberg freuen sich über Schulen, die nicht geschlossen werden müssen, und dass für die Jugend wieder etwas los ist, den Zugezogenen in Tempelhof sei Dank. Das Dorf ist nicht aus der Welt, ohne Probleme können die Einwohner in die Großstädte pendeln, wenn sie das möchten. Dafür werden auch Fahrgemeinschaften gebildet.

Jedoch gibt es im Dorf auch Rituale, die nicht jedermanns Geschmack sein dürften. Um genau zu sein, sind es diese drei Bräuche: 1. Gegessen wird gemeinsam in der Kantine, wenn der Gong ertönt. 2. Nach dem Frühstück bilden die Bewohner einen Kreis und fassen sich an den Händen, dann wird zehn Minuten geschwiegen. 3. Geklatscht wird in Gebärdensprache. Wenn sich Besucher im Morgenkreis vorstellen, werden diese mit einem »kräftigen Hände-in-der-Luft-Schütteln« begrüßt und damit beklatscht. Mittlerweile besuchen im Jahr über 500 Menschen das Dorf. Einige von ihnen wollen eine gewisse Zeit mithelfen oder Urlaub machen, andere kommen einfach nur aus reiner Neugier.

Das Dorf wächst kontinuierlich weiter, es entsteht neuer Wohnraum, und die Warteliste der potenziellen zukünftigen Bewohner ist lang. Wenn Sie Teil der Gemeinschaft werden wollen, müssen Sie erst einmal die Abstimmung des gesamten Dorfes über sich ergehen lassen. Sie dürfen ein Jahr zur Probe einziehen, danach können Sie die Dorfbewohner wieder wegschicken, wenn ihnen Ihre Nase nicht passt. Einen Platz im Dorf zu ergattern ist für junge Familien und Handwerker am einfachsten. Ältere Menschen dagegen haben kaum eine Chance, die Dorfgemeinschaft schaut extrem auf die Altersstruktur.

Damit es sozial gerecht zugeht, muss jeder Bewohner 20 Sozialstunden im Monat absolvieren (außer die jungen Eltern), die der Gemeinde zugutekommen. Dazu gehört das Abwaschen in der

Kantine, Renovieren, Putzen, Gemüse ernten und so weiter.[56] Jeder Bewohner hat in etwa die gleiche Wohnfläche zur Verfügung. Alle Aspekte, Beweggründe und Abläufe des Dorfes vorzustellen sprengt jeden Rahmen. Ein wirkliches Bild vom Leben im Tempelhof können Sie sich nur vor Ort machen. Fakt ist aber, dass dieses Dorf erfunden wurde, aus einer Idee entstanden ist und nun kontinuierlich weiterentwickelt wird. Langfristig soll das Dorf auf 300 Bewohner anwachsen.

WARUM DER DÖRFLER VON FRÜHER EIN ANDERER IST

Das Bild, das viele Menschen noch heute im Kopf haben, wenn sie an die Leute vom Land denken, hat sich kaum verändert. »Die Dörfler sind einfache Menschen, die anpacken können, als Bauern auf einem Vierseitenhof leben und Unmengen an Fleisch essen.« Viele weitere Vorurteile werden ab Seite 102 aufgelistet. Von außen betrachtet sieht es so aus, als wären die Leute vom Land noch die gleichen Menschen, wie sie es bereits vor 50 Jahren waren. Doch das Gegenteil ist der Fall.

Der Bauer von früher ist heute nicht einmal mehr Bauer, auch auf dem Dorf haben sich die Zeiten und vor allem die Bewohner entwickelt, verändert und angepasst. Auf dem Land leben Menschen aus jeder sozialen Schicht, jeden Alters, und jedes Berufsfeld ist vertreten. Die Zeit der Landwirtschaft ist auch auf den Dörfern weitestgehend vorbei, und so wohnen Lehrer neben Handwerkern, Bürohengste neben Profisportlern und Köche neben Tänzerinnen. Selbst wer heute noch hobbymäßig auf dem Dorf Tiere hält, Beete anlegt oder erntet, hat nichts mehr mit unzähligen Bauern von früher gemein, die so ihren Lebensunterhalt verdienten und sich selbst versorgten.

Schon bei den kleinsten Dingen fällt auf, dass das Leben auf dem Land mittlerweile deutlich kräftesparender ist, die Technik macht es möglich. Aus Berufsbauern werden mehr und mehr Hobbybauern, oder die Dorfbewohner lassen die Finger ganz von der Landwirtschaft, Viehzucht und Gartenpflege. Wurden früher die Wiesen noch mit der Sense bearbeitet, nehmen heute Rasenmäher und kleine Rasentraktoren diese harte Arbeit ab. Mittlerweile dürften nur noch die wenigsten jungen Dorfbewohner wissen, wie eine Sense mit einem Wetzstein geschärft wird. Einen Rasentraktor fahren können dagegen oft schon die Kleinsten.

Früher haben Traktoren zum Landleben gehört wie Kühe. Für die Ernte und die schweren Arbeiten auf dem Hof war es unabdingbar, einen Trecker zu besitzen. Heute dominieren die Rasentraktoren das Bild auf dem Land. Damit können die Landeier große Rasenflächen bearbeiten und im Winter Schnee schieben, ein Feld wird damit schon lange nicht mehr umgepflügt.

Auch der Arbeitsaufwand beim Laubrechen hat sich minimiert. Wo große Grundstücke mit Bäumen sind, fallen im Herbst Unmengen an Laub auf den Boden. Um dieses zu entfernen, war stundenlange Rechen- und Handarbeit nötig. Mit den Händen wurden diese Massen dann auch in Säcke gestopft und kompostiert, in den Beeten verteilt. Heute übernimmt der Laubbläser diese Arbeit, und am Ende landen die Laubabfälle auf den Kompost- oder Bioanlagen dieser Welt. Die Zeit- und Kraftersparnis ist enorm.

Während die Bauern von damals jeden Quadratmeter des Grundstückes für die Selbstversorgung nutzten, dominieren heute hobbymäßig angelegte Steingärten, Hochbeete und Kräutertöpfe das Dorfbild. Wenn die Ernte des Bauern nicht gelang, bedeutete dies Geldeinbußen und einen knurrenden Magen. Gehen heute die selbst angebauten Erdbeeren nicht auf oder gelingen die Bohnen nicht, so sind die Hobbybauern zwar traurig, gehen aber einfach in den nächsten Supermarkt und kaufen sich dort die gewünschten Obst- und Gemüsesorten. Auch wenn die Kräutertöpfe vom Wochenmarkt alle zwei Wochen eingehen, ist das kein Genickbruch, neue gibt es in jedem größeren Supermarkt.

Auch Speisekartoffeln werden heute nur noch selten auf dem eigenen Grundstück angebaut, der Aufwand ist viel zu groß. Selbst beim Gelingen einer ausgezeichneten Kartoffelernte kommt ein Platz- oder Lagerproblem auf den Besitzer zu. Früher gab es dunkle und leicht feuchte Kartoffelkeller auf jedem Hof, so konnten die Erdäpfel ein ganzes Jahr bis zur nächsten Ernte ohne Probleme gelagert werden, ohne zu verderben. Doch auch auf den Dörfern gibt es solche Erdkeller, die auch Naturkeller genannt werden, heute kaum noch. Spätestens beim Neubau, Umbau oder dem Renovieren von Häusern wird darauf verzichtet. Der Nutzen dieser feuchten Keller spielt heute einfach keine Rolle mehr. So werden die essbaren Knollen mittlerweile im Supermarkt gekauft, und dies meist in kleinen Mengen, damit sie im Haus nicht so schnell keimen und genießbar bleiben. Die wenigsten Kinder auf dem Land werden daher noch wissen, was ein Naturkeller ist. Die Zeiten ändern sich eben, auch auf dem Dorf.

All diese Beispiele sind nur ein Bruchteil von Veränderungen, um zu zeigen, dass die Dörfler von früher mit den Dörflern von heute nicht mehr viel gemein haben. Durch bessere Technik, neue Berufe und andere Möglichkeiten hat sich der Alltag auf dem Land ebenso verändert wie das Leben in den Städten. Wer also heute noch an Dörfer voller Bauern, zwischen Kuhherden und Pferdekutschen glaubt, liegt falsch.

Mittlerweile lachen sich die Mäuse auf dem Land tot, über ihren eigentlichen größten Feind, die Katze. Die Stubentiger von heute verlassen nur noch widerwillig das Haus, und wenn sie es doch vor die Tür schaffen, hat sie das Katzenfutter aus dem Supermarkt so müde gemacht, dass das Interesse an Mäusen äußerst gering sein dürfte. Richtige Dorfkatzen gibt es kaum noch. Zeiten ändern sich, und Traditionen gehen Stück für Stück verloren.

9. KAPITEL

PARTYPEOPLE

WIESO SIE KEINEN »SEX ON THE BEACH« TRINKEN SOLLTEN

Jasmine möchte heute Abend ausgehen, sie hat ein Date. Als sie Stefan vor ein paar Monaten im Chat kennenlernte, hat es wirklich schnell gefunkt. »Nur treffen wollte er sich nie mit mir, zumindest nicht in seiner Heimat oder bei sich zu Hause«, erzählt sie ihrer Freundin Sandra nachdenklich.

»Warum das denn nicht?«, fragt diese verwundert. »Ich weiß es ehrlich gesagt bis heute nicht«, antwortet Jasmine. Sie spricht weiter: »Wir sind jetzt schon seit mehreren Wochen zusammen, er war schon bei mir, hat meine Eltern kennengelernt, aber zu ihm wurde ich noch nie eingeladen.«

Jasmine kommt aus Hamburg, sie wohnt mit ihren Eltern direkt in der City, ihre Familie könnte man als wohlhabend oder gutbetucht bezeichnen. Dass Stefan auf dem Land lebt und als Landwirt arbeitet, wusste sie von Anfang an, was das tatsächlich bedeutet, ahnt das City-Girl bis zu diesem Zeitpunkt allerdings noch nicht. Noch ist ihre Freude auf das heutige Treffen groß: »Heute gehen wir endlich zusammen zum Dorffest in seiner Heimatgemeinde, seine Eltern und Freunde werden auch da sein.«

Als sie nur wenig später vor Stefans Haustür steht, schlägt ihr das Herz bis zum Hals. Ungläubig beäugt sie den Vierseitenhof und kann die Tiere in den Nebengebäuden hören. So etwas kennt sie sonst nur aus Filmen, aber es gefällt ihr. Stefan öffnet die Tür und sagt geplättet: »Wow, du siehst großartig aus! Aber wird das Kleid nicht zu kühl, und hast du noch andere Schuhe außer deinen High-Heels mit?« Das Kompliment am Anfang des Satzes hört Jasmine gar nicht mehr, die Kritik und die komischen Fragen schon. Dennoch bleibt sie cool und sagt: »Ich bin hart im Nehmen und schlafe in diesen Schuhen, keine Angst, Cowboy.«

Auf dem Dorffest angekommen, kann sich Stefan vor Gesprächen kaum retten. Jasmine bleibt dicht an seiner Seite und sucht das Gespräch mit den Mädels seines Freundeskreises, das klappt ganz gut. Etwas beschämt fragt sie diese: »Warum starren mich hier eigentlich alle so an?« Die Mädchen lachen und antworten: »Weil du heute Thema Nummer eins bist, du bist schließlich neu in unserem Dorf, und ganz ehrlich, die Sachen, die du trägst, sind hier eher selten. Der ein oder andere könnte denken, dass du eine Tussi bist.«

Während Jasmine noch über diese offenen Worte nachdenkt, wird sie von einer Bierdusche mit anschließender Schlägerei aus ihren Gedanken gerissen. Stefan zieht sie gerade noch zur Seite und wischt seiner Liebsten das Bier aus dem Gesicht. Er fragt etwas geschockt: »Ist alles okay? Ich kann es verstehen, wenn du lieber nach Hause möchtest?!« Jasmine würde gern losheulen und tatsächlich nach Hause gehen, aber sie sagt: »Quatsch, es ist alles okay, lass uns einfach einen schönen Abend mit deinen Freunden haben.«

Kurz darauf haben sich alle Kumpels von Stefan um Jasmine versammelt und mustern sie ebenso auffällig wie der Rest der Dorfgemeinde. Rainer pöbelt: »Hey Püppi, kann ich dich auf einen ›Sex on the Beach‹ einladen?« Der Rest der Meute lacht peinlich laut und aufgesetzt. Jasmine behält einen kühlen Kopf, versteht sofort, dass diese Einladung nicht ernst gemeint ist, und antwortet: »So was trinkst du, echt? Ist ja ganz schön tussig!« Jetzt lacht die Meute deutlich lauter und von ganzem Herzen. »Ich hätte lieber ein Bier und einen Kurzen, bekommst du das hin?«, fragt sie weiter. »Mit dem Kurzen kennt er sich aus«, ruft ein weiterer Kumpel, und wieder grölt die Menge. Rainer ist inzwischen mit seinem hochroten Kopf an die Theke geflüchtet und holt die nächste Runde Schnaps und Bier.

Stefan hat alles staunend beobachtet und erkennt seine biertrinkende Freundin kaum wieder. »In der City, zusammen mit deinen Mädels, trinkst du doch immer nur Schampus«, stellt er verwundert fest. Jasmine lacht und sagt: »Heute bin ich aber mit dir und deinen Freunden unterwegs, und dann trinke ich eben Bier.« Stefan fehlen die Worte, ihm war bis zu diesem Zeitpunkt nicht klar, wie taff seine neue Freundin tatsächlich ist.

Auf dem Nachhauseweg stöckelt Jasmine glücklich, etwas betrunken und halb erfroren an Stefans Hand den holprigen Feldweg entlang. Sie erzählt ohne Pause, kichert und lässt den Abend Revue passieren. Ihre Füße schmerzen schrecklich, das merkt sie trotz ihres Pegels, aber natürlich würde sie das niemals zugeben. In diesem Moment legt ihr Stefan seine Jacke über ihre Schultern und packt seine Freundin. Er trägt sie den Rest des Weges in seinen starken Armen und sagt: »Willkommen auf dem Land, Cowgirl. Das war ein toller Abend!«

WARUM ES SELBST BEIM BETRINKEN REGELN GIBT

Wenn auf dem Dorf gefeiert wird, passiert das meist in großer Runde und damit in bester Gesellschaft. Dabei muss keinem der Anwesenden erklärt werden, was, wie und warum getrunken wird, schließlich heben die Partygäste meist schon seit Jahrzehnten die Krüge gemeinsam. Umso schwerer wird es für einen Außenstehenden, sich richtig zu verhalten, wenn er von einer Gruppe Trinkwütiger eingeladen wird. Der beste Tipp ist dabei: Beobachten Sie, was die anderen machen, und tun Sie das Gleiche.

Auf dem Dorf wird in Runden getrunken. Keiner bestellt ein einzelnes Bier für sich allein, sondern für die gesamte Gruppe. So geht die Rechnung Runde für Runde an den Nächsten weiter. Was Sie unter keinen Umständen machen sollten: mittrinken und kurz bevor Sie mit Ausgeben dran sind, die Biege machen. Das kommt gar nicht gut an und wird im Dorf schneller die Runde machen, als Sie »Bier« sagen können. Natürlich kann diese Regel auch auf alle anderen Getränke übertragen werden, aber vor allem im Bierzelt und der Dorfkneipe, zum Beispiel beim Kartenspielen, ist dieses Ritual des »Rundentrinkens« weit verbreitet. Dabei wird beim Bestellen der nächsten Runde nur selten nachgefragt, wer für ein weiteres Getränk bereit ist. Kaum sind die Gläser halb leer, wird der Zapfhahn erneut beansprucht. Sobald das frische Bier vor Ihnen auftaucht, sollten Sie dann auch das andere Glas geleert haben, Sie sind ja kein Schwächling.

Wenn es ganz schlecht für Sie läuft, startet parallel zur Bier- oder Sektrunde eine Schnapsrunde. Spätestens jetzt werden Sie sich keine Gedanken mehr um irgendwelche Trinkregeln oder Gesprächsthemen machen. Es wird Sie nicht mal mehr interessieren, ob und wie Sie nach Hause kommen. Die Dörfler sind als äußerst trinkfeste Zeitgenossen verschrien, und das sind sie tatsächlich. Egal, ob in der freiwilligen Feuerwehr, dem Karnevalsverein oder im Seniorenclub, es gibt einige Anlässe und Gründe, gemeinsam zu feiern und zu trinken, dadurch härtet der Körper ab.

Für beste Stimmung sorgen neben guter Musik, leckerem Essen und guter Laune der Anwesenden auch Trinksprüche. Vor allem unter Jugendlichen gibt es äußerst niveauvolle Anheizer, die gemeinsam in der Gruppe geschrien werden, bevor angestoßen und getrunken wird:

»Zur Mitte, zur Titte, zum Sack, zack zack. Der Arsch ist bemost, PROST!«

»Der größte Feind des Menschen Wohl, das ist und bleibt der Alkohol, doch in der Bibel steht geschrieben, du sollst auch deine Feinde lieben!«

»Prost, ihr Säcke – Prost, du Sack!«

»Es trinkt der Mensch, es säuft das Pferd, doch heute ist es umgekehrt!«

»Zwischen Leber und Milz passt immer ein Pils!«

Gegen Ende des Abends wird es immer schwieriger, diese Trinksprüche zu verstehen, dafür werden sie immer lauter, und Sie werden die feuchte Aussprache des Nachbarn zu spüren bekommen. Außerdem wird der Begriff »Absacker« eine Rolle spielen. Eigentlich ist der Absacker das letzte schnelle Getränk, der Verdauungsschnaps, der schnelle Kurze vor dem Nachhausegehen. Aber es bleibt nie bei diesem einen Absacker, und grundsätzlich ist der Absacker auch immer zu viel, er bringt das Fass zum Überlaufen, die Welt zum Drehen, und er ruiniert Ihnen den kompletten nächsten Tag.

All das lässt nur ein Fazit zu: Versuchen Sie sich niemals mit trinkfesten Dörflern an der Theke zu messen!

WARUM SIE IHR TAXI NICHT SPONTAN RUFEN KÖNNEN

Spontan mit den Freunden feiern gehen, etwas trinken, die Sau rauslassen (und die nicht nur aus dem Stall) – können Sie machen, aber unterschätzen Sie den Heimweg nicht! Auf dem Dorf gibt es Schlachtfeste, Maibaumsetzen, Feuerwehrfeste, Geburtstagspartys und natürlich Dorffeste. Wenn Sie allerdings in eine Diskothek oder einen Club wollen, müssen Sie in die nächstgrößere Stadt. Und dabei reden wir noch lange nicht von einer Großstadt. Dort hätten Sie sicher kein Taxiproblem, aber wer will schon über eine Stunde Auto fahren, um tanzen zu gehen, von den Kosten gar nicht erst zu sprechen.

Wie bereits beschrieben, gibt es für nächtliche Ausflüge keinerlei öffentliche Verkehrsmittel. Es bleiben genau drei Möglichkeiten, einen solchen Disco-Abend zu gestalten: Entweder ein Taxi für die Hin- und Rückfahrt, einen freiwilligen Fahrer aus dem Freundeskreis oder eine Mischform von beidem. Die schlechte Nachricht ist: Kompliziert wird die Fahrerei in jedem Fall. Es kommt einem Lottogewinn gleich, wenn es im Freundeskreis einen Antialkoholiker mit Führerschein gibt. Die Regeln sind dann relativ einfach:

Der Fahrer bekommt den Eintritt und die (alkoholfreien) Getränke an diesem Abend bezahlt. Dafür dürfen dann vier trinkfreudige Freunde abtanzen und feiern gehen, mehr passen meistens nicht in einen PKW.

Klingt nach der perfekten Lösung und macht so lange Spaß, bis den Fahrer zwischen all den primitiven Gesprächen, aufdringlichen Artgenossen und wirklich schlechten 80ern die Lust verlässt und er/sie nach Hause möchte. Dann trifft es alle, die zusammen angereist sind, auch die gut alkoholisierten, grölenden und knutschenden 80er-Jahre Fans an der Bar, die noch nicht gehen möchten. Mitgefangen, mitgehangen – sie würden jetzt dafür töten, später mit dem Taxi fahren zu können. Aber es wird kein Taxi kommen, wenn es nicht lange vorher bestellt wurde. Schwer zu sagen, wann und wie der Abend enden wird, aber wer mit einem Fahrservice zurück möchte, muss eine feste Zeit vereinbaren, bereits Stunden zuvor. In der Nacht sind die kleinen lokalen Taxiunternehmen nicht besetzt. Es ist also nicht so, dass Sie wegen Überlastung keines bekommen, die Unternehmen stellen nachts den Betrieb ein, wenn es keine Reservierungen gibt, und das auch am Wochenende, verrückte Welt.

Diese Lösungsansätze, Taxi und freiwilliger Fahrer, hinken also gewaltig. Sie ahnen es schon, die Mischform wird es nicht besser machen. Diese sieht wie folgt aus: Einer der Partymeute fährt zur Location, lässt dann aber sein Auto stehen, und es geht mit dem Taxi zurück. So können alle feiern und trinken, das Auto möchte dann allerdings am nächsten Tag auch wieder abgeholt werden. Eine nervige Tour, wenn der Kater noch immer für knallende Bässe im Kopf sorgt. Eine Art Zusatzmöglichkeit ist der Mutti-Dienst, ab einem gewissen Alter will sich aber wahrscheinlich keiner mehr von seinen Eltern in die Diskothek fahren und wieder abholen lassen, diese Alternative blenden wir also aus.

Das Tanzerlebnis in der Nachbarstadt kann also zu einem echten Organisationsmarathon werden. Das Taxi muss bereits im Vorfeld, bestenfalls am Morgen, bestellt werden. Die Partygruppe muss sich auf eine Hin- und Rückfahrzeit einigen, ebenfalls schon am Morgen. Wenn Sie dann glauben, dass Sie alles bedacht haben und gegen 3 Uhr die Disco verlassen, um das rechtzeitig gebuchte Taxi zu bekommen, hat es Ihnen mit sehr großer Wahrscheinlichkeit bereits ein anderer Partygast weggeschnappt. Auch die Taxifahrer sind dankbar, wenn sie schnell zurück und ins Bett kommen, ihnen ist egal, wer dann tatsächlich in ihrem Auto sitzt. Sowohl auf dem Land als auch in Kleinstädten hat die Taxidichte in den letzten Jahren extrem gelitten. Als Gründe dafür werden der Mindestlohn, gestiegene Kraftstoff- und Wartungspreise und die hohen Versicherungskosten genannt.[57] In auslastungsschwachen Zeiten, wie eben in der Nacht, wird deshalb kein Service angeboten.

Um diesen Problemen zu entgehen, gehört es zum guten Ton, dass der Fahrer im Freundeskreis wechselt. Der Satz »Ich bin das letzte Mal gefahren« ist wahrscheinlich einer der meistgesagten unter dörflichen Nachtschwärmern. Wenn Sie also die Herzen der Dorfbewohner im Sturm erobern wollen, bieten Sie sich als Fahrer für den nächsten Discoabend an. Sie wissen ja: Man kann auch ohne Alkohol Spaß haben, oder so. Betrunken fahren ist niemals eine Option, Polizisten und Bäume gibt es nämlich sogar auf dem Dorf.

WIESO KÜHE UMSCHUBSEN AUF DEM HEIMWEG IDIOTISCH IST

Wenn in der Provinz gefeiert wird, geht es meistens feuchtfröhlich zu. Gemütlich sitzen die Dorfbewohner oftmals bis weit in die Nacht am Lagerfeuer zusammen oder haben kurzerhand die Garage zur Partylocation umfunktioniert. Die Festgemeinde kann guten Gewissens zum Bier oder Wein greifen, denn der Heimweg ist ausnahmsweise sicher. Wenn Sie in die Diskothek der nächstgrößeren Stadt feiern gehen, müssen Sie sich, wie bereits in der vorhergehenden Episode beschrieben, um den Nachhauseweg deutlich größere Gedanken machen. Feiern Sie allerdings im Dorf, geht es immer zu Fuß zurück.

Selbst bei Partys auf den Nachbardörfern bleibt das Auto stehen, und die angetrunkene Festgemeinde schwankt mitten in der Nacht zufrieden kilometerweit nach Hause. Keine Angst, dabei sind Sie natürlich nicht allein, es wird sich immer ein guter Freund oder eine Freundin finden, die Sie begleiten. Neben der Feier ist dann oftmals der Nachhauseweg das eigentliche Highlight mit vielen Unfällen, Geschichten und schrägen Gesprächen für die Nachwelt. Wenn Sie ein paar dieser Heimwege hinter sich haben, wird Sie nichts mehr wundern oder verstören. Gefährlich wird es eigentlich nur, wenn Sie den Satz hören: »Wartet mal, ich kenne eine super Abkürzung!« Wenn Sie irgendwie die Möglichkeit haben, diesen Vorschlag abzuschmettern: Tun Sie es! Natürlich wollen alle so schnell es geht nach Hause, und da ist eine Abkürzung eine hervorragende Idee. Es hat ja keiner behauptet, dass der kürzeste Weg auch der einfachste und klügste ist. Rechnen Sie also mit Stacheldraht, Weidezäunen, tiefen Gräben, schmutzigen Schuhen, dunklen Waldwegen und Schürf- und Kratzwunden. Die gute Nachricht ist, meistens erwischt es die Abkürzungsfachleute selbst am heftigsten und damit die Männer.

Leider ist es auch das männliche Geschlecht, das sich den Heimweg mit hoher Promillezahl und im Dunklen ganz allein zutraut. Ein großer Fehler, nicht selten erwachen sie am nächsten Morgen im Graben oder irgendwo auf einem Feld. Auf dem Handy warten 20 verpasste Anrufe der Freundin oder Mutter, und die Verletzungen und der dicke Schädel dürften nach der Heimkehr das geringste Problem werden.

Eine weitere Warnung, wenn Sie betrunken von Kraft träumen oder besonders kreativ werden: Lassen Sie sich nicht auf »Cow tipping« ein. Die Gerüchte um das »Küheschubsen« bei Nacht halten

sich seit Jahren hartnäckig. So wird behauptet, dass sich die betrunkene Dorfjugend an einer Viehweide trifft und die schlafenden Kühe umstößt. Verbuchen Sie diese Sage unter Schwachsinn, und kommen Sie bloß nicht auf die Idee, eine 700-Kilo-Kuh umstoßen zu wollen. Allein der Plan, im Dunkeln, angetrunken zwischen einer Kuhherde herumzulaufen, ist lebensmüde. Würden Sie ein solches Prachtexemplar wirklich umschubsen wollen, brauchen Sie mindestens die Kraft von zwei weiteren Freunden. Die Kuh würde dann jedoch sofort merken, dass Sie angegriffen wird, und zum Gegenangriff übergehen. Dabei dürften Sie dann deutlich schlechter wegkommen als bei einer Kneipenschlägerei. Außerdem schlafen Kühe im Liegen, lassen Sie sich also bloß nicht auf irgendwelche Aufnahmerituale in Ihrem neuen Heimatdorf ein. Am Ende ist diese zugegeben lustige Gedanke auch wirklich Tierquälerei und nicht mal einen Versuch wert.

Den Heimweg mit Freunden dagegen sollten Sie auf keinen Fall verpassen. Nach vielen Kilometern Fußmarsch kommen Sie zumindest halbwegs nüchtern ins Bett und haben gleichzeitig was für den Zusammenhalt und Ihre Fitness getan.

WARUM EIN JUGENDCLUB GOLD WERT IST

Mit steigendem Alter der Dorfkinder wächst das Interesse an Treffpunkten mit Freunden. Ein Ort ohne Erwachsene und vor allem möglichst weit weg von den eigenen Eltern. Waren in der Kindheit Kletterbäume, Spielplätze und der Garten der Nachbarn absolut ausreichend, zieht es die Dorfjugend eher selten in ein Baumhaus. Ein Jugendclub kommt da nicht nur für die Pubertierenden genau richtig.

Nicht selten haben bereits die Eltern der Dorfjugend in den heiligen Hallen des Jugendclubs gesessen, geküsst und getrunken. Über die Jahre ändert sich sicher das Aussehen der Räumlichkeiten und eventuell der Ort, aber der Sinn und Zweck bleibt der gleiche. Die Dorfjugend hat einen gemeinsamen Platz zum Treffen, Quatschen, Trinken, Feiern, Tanzen und Pläneschmieden. Auch für das Dorfbild kann eine solche Einrichtung Gold wert sein, denn wer will die Jugendlichen schon in den Bushaltestellen rumlungern sehen, weil das der einzige regengeschützte Platz im Ort ist.

Natürlich gibt es derartige Einrichtungen auch in den Städten, doch dort ist die Auswahl an anderen Treffpunkten (Kaufhäuser, Bahnhof, Parks) deutlich höher und damit die Beliebtheit und der Bedarf an Jugendclubs oftmals geringer. Nicht selten sind die Jugendtreffs dort eingetragene Vereine und werden beispielsweise von Streetworkern betreut. Durch diese Art der Kontrolle fühlen sich die jungen Leute bevormundet. Durch Öffnungszeiten wird außerdem vorgegeben, wann sich die Kids treffen können.

In den ländlichen Gegenden sind die Abläufe deutlich unorganisierter und lockerer. Es gibt keine Öffnungszeiten, und der übergeordnete Verein (zum Beispiel Dorfclub) oder die Stadt hält sich weitestgehend aus den Abläufen heraus. Natürlich nur solange es keinen Ärger oder Beschwerden gibt. In den Jugendclubs auf den Dörfern kennen sich alle untereinander. Die Kids sind zusammen aufgewachsen und dulden keine Fremden in »ihren« vier Wänden. Nur so kann ein reibungsloser Ablauf garantiert werden. Toleriert werden dagegen oftmals die Jugendlichen aus den Nachbardörfern, auch sie sind keine Unbekannten. Diese kommen vermehrt in andere Dörfer, wenn sie keinen eigenen Treffpunkt mehr haben. Viele Jugendclubs schließen wegen fehlender engagierter junger Leute, die Verantwortung für die Lokation übernehmen. Dazu gehört es, die Räumlichkeiten sauber zu halten, bei Veranstaltungen und Treffen auf den Lärm zu achten, für Ordnung außerhalb zu sorgen und die Schlüsselmacht nicht zu missbrauchen. Auch durch die fehlenden finanziellen Möglichkeiten können sich immer weniger Dörfer über einen eigenen Jugendtreffpunkt freuen.

Oftmals dienen diese Clubs auch als kleine, interne Partylokation, ein Ort zum gemeinsamen Fußballschauen oder als Treffpunkt, um dann als Gruppe in Diskotheken oder zu anderen Veranstaltungen weiterzuziehen. Bestenfalls zieht sich auch die altbekannte dörfliche Netz- und Internetflaute bis in den Jugendclub. Damit werden die Grünnasen zu gemeinsamen Gesprächen gezwungen und merken, wie schön es ist, dem anderen ins Gesicht zu schauen, statt nur aufs Handy zu starren.

WIESO BABYS IMMER AUF MINDESTENS ZWEI BEINEN STEHEN

Babyparty, Babypinkeln, Baby Shower, Pinkelparty, Babybier und Pullerparty! Dies sind nur ein paar wenige Bezeichnungen für den gleichen Grundgedanken: Ein neuer Erdenbürger wird erwartet oder hat das Licht der Welt erblickt, darauf wird angestoßen. Während auch aus den USA mit der Baby Shower Party und dem Rest der Welt immer neue Bräuche nach Deutschland schwappen, um sich mit den frischgebackenen oder werdenden Eltern zu freuen, geht es auf den Dörfern, wie so oft, meist etwas traditioneller und einfacher zu. So könnten die Unterschiede zwischen einer Pinkel- oder Pullerparty und der Babyparty der Damenwelt nicht größer sein.

Natürlich hat jede Region, Familie und jeder Freundeskreis seine ganz eigenen Vorstellungen davon, wann, wo und wie der Neuankömmling begossen werden soll. Bei einer Baby Shower wird vielmehr die werdende Mutter gefeiert als das Baby selbst, dieses ist zu diesem Zeitpunkt noch gar nicht auf der Welt. »Shower« bedeutet in diesem Fall, dass es Geschenke für Mama und ihr Kind »regnet«.

Die Party selbst ist häufig eine Überraschung und wird bei der werdenden Mutter oder einer ihrer Partygäste zu Hause veranstaltet. Ein Besäufnis ist diese Veranstaltung wahrlich nicht, schon aus Rücksicht auf die werdende Mama. Dafür erstrahlt dann aber das Wohnzimmer in Zartrosa oder himmlischem Hellblau, je nachdem, welches Geschlecht das Baby hat. Bei manchen dieser Partys kann man von wahren Dekorations-Explosionen sprechen. Gefeiert wird meist ohne Männer, mit den besten Freundinnen und kurz vor der geplanten Geburt.

Für die werdende Mutter dürfte es ohnehin etwas schwierig werden, an der Pinkelparty, direkt nach der Geburt, teilzunehmen. So richtig erwünscht wäre sie dort vermutlich auch nicht.

Für das »Babybier«, wie die Veranstaltung auch genannt wird, lädt der frischgebackene Vater nämlich in die Dorfkneipe ein. Es kommen seine besten Kumpels, Nachbarn und Arbeitskollegen, bevorzugt aber eben nur Männer. Während die Frau noch im Krankenhaus liegt und sich von der Geburt erholt, wird auf den neuen Erdenbürger angestoßen. Ganz anders als bei der bereits vorgestellten Gegenveranstaltungen der Frauen, gibt es reichlich Alkohol und keine Geschenke, ein zünftiger Männerabend eben. Selten bleibt es bei diesen Pinkelpartys bei einem Bier oder Schnaps, natürlich kann die Männerrunde dies aber auch begründen.

Seit Jahrzehnten gilt nämlich auf dem Land das Motto »Auf einem Bein (mit einem Bier oder Schnaps) kann das Kind nicht stehen«. Darum darf zum zweiten Getränk keiner der Stammtischrunde Nein sagen. Wenn es dann auch noch ein Junge ist, wird auch das dritte Bein begossen. Bei einem Mädchen findet sich aber sicher auch ohne Probleme ein weiterer Grund zum Anstoßen. Danach können sich die Herrschaften unmöglich sicher sein, wie viele Getränke es nun tatsächlich schon waren, und so kommen noch ein paar weitere Runden dazu. Häufig rechnet die frischgebackene Mama erst am nächsten Nachmittag wieder mit ihrem Göttergatten am Familienbett.

Während bei einer Baby Shower unzählige Fotos von der feiernden Damenmeute gemacht werden und diese im Nachgang einen

Platz im Babyalbum finden, ist es vielleicht besser, dass die Dorfmänner nicht unbedingt zur »Generation Selfie« gehören. Damit der frischgebackene Papa dennoch auch ein paar Jahre später noch weiß, wer zusammen mit ihm auf seinen Spross angestoßen hat, verewigen sich die Männer meistens auf einer geleerten Schnapsflasche. Diese trägt der glückliche und betrunkene Neu-Papa dann nach Hause.

Auch wenn der Baby-Shower-Trend immer mehr Ansehen in Deutschland genießt, in den wenigsten Dörfern ist dieser bereits angekommen. Eine Party in Rosa, mit Partyhütchen und Kuchenbuffet dürfte den meisten werdenden Mamas auf dem Land etwas suspekt sein. Aber sicher ist es nur eine Frage der Zeit, bis weitere Regionen und Zielgruppen Gefallen an dieser Tradition finden.

Deutlich häufiger als eine Baby Shower wird dagegen eine Babyparty zusammen mit dem Partner und nach der Geburt gefeiert. Sobald sich die frischgebackenen Eltern fit genug fühlen, werden die Freunde, Nachbarn und Familie eingeladen.

Am weitesten verbreitet ist jedoch noch immer die Pinkel- oder Pullerparty und damit das getrennte Feiern der Geschlechter.

WARUM EIN FRÜHSCHOPPEN GEGEN DEN KATER HILFT

Das Wort »Frühschoppen« bezeichnet das traditionelle und gesellige Beisammensein der Dorfgemeinschaft. Das Spezielle daran ist die Uhrzeit. Frühschoppen finden vor allem an Sonntagvormittagen statt. Ein Treffen am Sonntagmorgen scheint erst einmal nichts Ungewöhnliches zu sein, die Kirche macht das schließlich auch, doch diese Treffen werden trotz der Tageszeit mit reichlich Bier begossen. Natürlich gibt es auch Essen, und nicht selten unterstützt eine Blaskapelle das lustige Beisammensein. Vor allem bei

Veranstaltungen, die über ein ganzes Wochenende gehen (Dorffest, Feuerwehrjubiläum o.ä.), ist der Frühschoppen auf dem Land besonders beliebt und nicht mehr wegzudenken.

Dass es auf dem Dorf unzählige Anlässe für ein Bier gibt, wurde bereits mehrfach erwähnt. Dafür braucht es keine Großveranstaltung, da reicht das Aufeinandertreffen mit dem Nachbarn am Gartenzaun. Es gibt gefühlt zu jeder Tages- und Nachtzeit eine eingeplante Trinkzeit. So unterscheiden die Menschen auf dem Land zwischen dem Elfe-Bier, dem Sechse-Bier, dem Achte-Bier und so weiter. Die Zahlen stehen dabei für die Uhrzeit. Ähnlich ist es auch bei den Frühschoppen. Schon längst wird dabei nicht mehr nur Bier getrunken, und nicht nur die Herren der Schöpfung stoßen auch mal in den Morgenstunden an einem Sonntag mit ihren Freunden an.

Ein Frühschoppen ist dennoch kein wildes Besäufnis, sondern vielmehr ein munterer Ausklang nach einem langen und geselligen Wochenende. Der richtige Zeitpunkt, um ein letztes Mal das Beisammensein und den Anlass an sich zu feiern und die vergangenen Tage Revue passieren zu lassen.

Gerade bei Dorffesten ist der Frühschoppen aber auch eine Art Geheimrezept, um gegen den Kater der letzten Nacht anzukämpfen. Immerhin steht die Arbeitswoche kurz bevor. Standen der Freitag und der Samstag im Zeichen des Feierns, Schlafentzuges, Tanzens und Alkohols, dürfte es keinen Spaß machen, nach einer kurzen Nacht am Sonntagmorgen zu erwachen. Der Kopf dröhnt, die Augen wollen sich nicht öffnen lassen, und die Welt scheint sich immer noch zu drehen. Nicht nur auf dem Dorf, doch vor allem da, ist ein Frühschoppen deshalb ein absolut legitimes Mittel, den eigenen Körper, zumindest vorübergehend, wieder in Gang zu bekommen. Die Geister streiten sich, ob Kontertrinken tatsächlich funktioniert, und warnen vor allem vor dem Teufelskreis, den das Weitertrinken mit sich bringt.

Es ist kein Geheimnis mehr unter Genusstrinkern, dass das Konterbier oder die Weinschorle am Morgen tatsächlich gegen einen

Alkoholkater hilft. Weil in dieser »Feuer-mit-Feuer«-Taktik jedoch der Kern des Alkoholismus steckt, ist es ratsam, das Konterbier nur selten als Waffe gegen den Kater einzusetzen. Wenn Sie verstehen, woher dieser kommt, verstehen Sie auch, warum das Kontertrinken nur vorläufig funktioniert und dem Körper alles andere als guttut.

Solange der Alkohol im Blut ist (in Maßen), haben Sie einen wundervollen Abend, können leicht benebelt tanzen, mit Freunden große Pläne schmieden und feiern. Erst ab dem Moment, wenn der letzte Alkohol abgebaut ist, beginnt das große Leiden. Dies ist meist nach dem Aufstehen der Fall. Dann hilft das Bier oder die Bloody Mary beim Frühschoppen tatsächlich, um sich wieder deutlich besser zu fühlen. Es funktioniert, weil der Alkohol erstens eine Art Schmerzmittel ist, und zweitens wird der Methanolabbau im Körper gestoppt, angesammelt wird es trotzdem. Doch Sie können Ihren Körper auch austricksen: Wenn Sie den Kater mit neuer Alkoholzufuhr umgehen und dies lang genug durchhalten, können Sie den Methanolabbau sogar ganz aufhalten.[58] In diesem Fall bleibt Ihnen der Kater erspart.

Sie können sich vorstellen, dass diese Vorgehensweise nicht ratsam ist und eine Menge Alkohol über einen langen Zeitraum erfordert. Für viele Partybesucher gehört der Kater am nächsten Morgen auch einfach dazu, er erinnert an eine unvergessliche Nacht. Jetzt verstehen Sie aber zumindest, warum bei Frühschoppen auf Dorffesten sogar nach äußerst kurzen Nächten mit viel Alkohol beste Stimmung herrscht und die vermeintliche Katergesellschaft sogar Blasmusik erträgt, ohne dass der Schädel platzt. Doch auch ohne Alkohol sollten Sie es sich nicht nehmen lassen, einen typischen Frühschoppen auf dem Dorf zu besuchen, es lohnt sich.

WIESO DIE DÖRFLER (VIELLEICHT) MEHR VERTRAGEN

Zugegeben, diese Behauptung steht seit Jahren im Raum, aber sie kann weder bestätigt noch widerlegt werden. Leider hat sich noch keiner an eine Studie gesetzt, die das Trinkverhalten der Städter mit dem der Dörfler vergleicht. Doch viele Menschen aus den Citys sprechen häufig von den »trinkfesten Leuten auf dem Land«. Eine kurze Analyse und die Benennung der Fakten lohnen sich auf jeden Fall.

Der »Alkoholatlas Deutschland« erfasst den Alkoholkonsum in allen Bundesländern und unterscheidet dabei zwischen Männern und Frauen. Es ist interessant zu lesen, wie sich jedes Jahr das Trinkverhalten leicht verändert, nur leider bringt der Alkoholatlas keine Antwort auf die Frage, ob Dörfler wirklich mehr vertragen als die Menschen in den Städten. Es gibt dennoch ein paar Gegebenheiten, die dafürsprechen, dass die Landeier dieser Welt den Alkohol besonders gut vertragen.

Erfahrungsvorteil: Auf dem Land ist es kein Problem, als Jugendlicher einen gesunden Sicherheitsabstand zwischen den Eltern und sich herzustellen. Die Felder, die Wälder oder der Jugendclub bieten genug Raum für erste Trinkversuche, die erste Zigarette oder Fahrversuche mit dem Auto auf privaten Feldwegen. Damit kann sich das Kind vom Land über einen jahrelangen Erfahrungsvorteil gegenüber den Stadtkindern erfreuen. Diese Freiheit genießen Städter häufig erst in der ersten WG oder mit Erreichen der Volljährigkeit und versuchen dann alles nachzuholen, was auf dem Land bereits mit 13 Jahren gestartet ist.

Trinkausbildung: Der Alkohol scheint auf dem Land auch etablierter zu sein. In diesem Buch wurden bereits zahlreiche Gründe vorgestellt, um gemeinsam anzustoßen, und es wurde erläutert, wie schnell aus einem Bier viele werden. Auch bei großen Feiern in der Familie ist es normal, dass in geselliger Runde Alkohol getrunken wird. So bekommen auch schon die Kleinsten eine Beziehung zum Alkohol, natürlich ohne selbst davon zu trinken. Sobald der Nachwuchs dann im trinkfähigen Alter ist, wird sich mit Bier und Co., auch vonseiten der Familie, nicht mehr zurückgehalten.

Bauerndiskotheken: Böse Zungen behaupten außerdem, dass die Diskotheken in Dorfnähe nur mit sehr viel Alkohol zu ertragen sind. Die Auswahl an Freizeitaktivitäten und vor allem an Bars und Tanzlokalen ist äußerst gering, deshalb finden sich alle Dörfler in der einzigen, aber wirklich schlechten Diskothek weit und breit wieder, und das an jedem Wochenende.[59]

Körpervolumen: Ein weiterer Grund, warum die Dörfler mehr Alkohol vertragen, könnte ihre Statur und die Nahrungsaufnahme beim Trinken sein. Der Dorfjugend wird nachgesagt, dass sie anpacken kann, muskulös und gut genährt sei. Dieser Faktor spielt auch eine große Rolle beim Trinken, zierliche Persönchen vertragen deutlich weniger als kernige. Wenn die Leute auf dem Land trinken, gibt es außerdem häufig Bier und Schnaps, keine wilden Mixgetränke, und vor allem wird nicht durcheinandergetrunken. Dazu wird fettiges und nahrhaftes Essen gereicht und keine Mini-Sacks wie in Schickimicki-Bars oder Diskotheken. Eine gute Grundlage ist bekanntermaßen das A und O.

Doch auch diese Behauptungen und Weisheiten können nicht einwandfrei klären, ob die Menschen auf dem Land tatsächlich mehr vertragen als die Städter. Außerdem verträgt, trinkt und feiert jedes Dorf und jede Stadt anders, jeder Körper hat seine eigenen Grenzen. Sie müssen den ultimativen Test am besten selbst durchführen. Trinken sie mit Dörflern und das Wochenende darauf mit Städtern und schreiben Sie ein Buch darüber. Es hat sicher Bestsellerpotenzial.

10. KAPITEL

DER LEBENSABEND

WARUM BEIM NACHBARN DIE ROLLOS OBEN SIND

Sieglinde ist 85 Jahre alt und lebt auf dem Land. Sie hat ihr kleines Dorf nie verlassen, hat Bauer Sepp aus der Nachbarschaft geheiratet und vier wundervolle Kinder mit ihm bekommen. Als sie an diesem Abend durch ihr großes und menschenleeres Haus geht, um überall die Jalousien zu öffnen, kann sie wieder das freudige Quieken ihrer Kinder hören, als wäre es gestern gewesen. Das Haus war voller Leben, als ihr Sepp noch bei ihr war und die Kleinen jeden Raum mit Liebe und Geräuschen füllten.

Mittlerweile lebt Sieglinde ganz allein hier, es fällt ihr schwer, alle Zimmer sauber und ordentlich zu halten, es gibt einfach zu viele. Dennoch ist sie dankbar für diese Aufgabe, so rostet sie nicht ein und hat eine sinnvolle Beschäftigung. Als sie das letzte Rollo öffnet, schaut sie hinüber zum Nachbarhaus. Durch das Fenster sieht sie, dass bei Hilde noch Licht auf dem Dachboden brennt, schnell greift sie zum Hörer und ruft ihre Freundin an: »Du, bei dir brennt noch Licht, hast du das vergessen?« Hilde geht sofort nachschauen und bemerkt: »Du hast recht, danke, ich werde wohl auch nicht mehr jünger.« Die beiden Frauen lachen und verabreden sich für den nächsten Tag: »Kannst du mich morgen mit in die Stadt zum Einkaufen nehmen? Sonst muss ich wieder meine Kinder und Enkel fragen, und die haben immer so viel um die Ohren«, fragt Sieglinde. »Natürlich, ich hole dich 10 Uhr ab«, antwortet Hilde und wünscht ihrer Nachbarin eine gute Nacht.

Am nächsten Morgen geht es wie vereinbart in die Stadt, auf dem Weg sammeln die beiden Damen Renate ein, ebenfalls eine Rentnerin aus dem Ort. »Guten Morgen ihr zwei, toll, dass ihr mich mitnehmt, ich brauche noch ein Kleid für den Seniorennachmittag am Wochenende«, sagt Renate. Sie ist seit letzter Woche auch im Seniorenclub wie die anderen beiden. Nach dem Tod ihres Mannes hat sie allerdings drei Jahre gewartet, bis sie sich dem Verein angeschlossen hat. »Ich freue mich so, dass wir dich endlich überreden konnten, du wirst die Veranstaltungen und Ausflüge mit dem Club lieben«, freut sich Sieglinde. »Das glaube ich auch, ich habe die Zeit der Trauer aber einfach gebraucht«, stimmt ihr Renate zu.

Nach dem Einkaufen fragt Hilde: »Wollen wir noch einen Kaffee trinken?« Sieglinde antwortet gestresst: »Ich muss leider zurück, meine Nachbarin hat bereits damit begonnen, ihren Garten winterfest zu machen, da muss ich das jetzt auch schleunigst tun, nicht, dass die Leute reden. Einen Friseurtermin habe heute Nachmittag auch noch.« Also geht es zurück ins Auto, und die drei Senioren treten ihre Heimreise an.

»Sag mal, Sieglinde«, sagt Renate später im Auto, »wieso machst du abends eigentlich immer alle Rollos nach oben? Normalerweise schließt man die doch in der Nacht.« Sieglinde antwortet: »Ich bin zwar alt, aber ich liege morgens gern richtig lange im Bett. Damit die Nachbarn davon nichts mitbekommen, mache ich schon am Abend die Jalousie nach oben. Wenn dann die Frühaufsteher 6 Uhr ihre Rollos öffnen, sieht es aus, als wäre ich schon lange auf den Beinen.« Im Auto bricht Gelächter aus: »Bei allen ungeschriebenen Gesetzen auf dem Dorf ist diese Idee schon wirklich sehr speziell und clever zugleich«, kichert Renate.

WIESO RENTNER DEN MEISTEN STRESS HABEN

Der vorangegangene Text gibt einen kleinen Einblick in das Leben älterer Menschen auf dem Dorf. Wie in jeder Altersgruppe gibt es ebenso viele Vorteile wie Nachteile, als Rentner auf dem Land zu leben. Auf den nächsten Seiten werden diese näher beleuchtet. Es gibt eine Gemeinsamkeit, die alte Menschen auf dem Dorf und in der Stadt vereint: Sie haben viel zu wenig Zeit und manchmal richtigen Stress.

Natürlich ist diese Aussage oftmals mit einem Augenzwinkern gemeint und leicht dahingesagt, aber Fakt ist, dass die ältere Generation zwischen Arztbesuchen, Familienfeierlichkeiten, Friseur und Hausarbeit nicht immer Zeit für Freizeitspaß findet. Jeder Weg ist mit einem Aufwand verbunden. Sei es die Tatsache, dass die älteren Herrschaften einen Fahrer brauchen oder die Unternehmungen und Termine, durch körperliche Defizite, einfach viel mehr Zeit in Anspruch nehmen als bei jüngeren Leuten. So bedeutet ein Arztbesuch am Morgen meist, dass der gesamte Vormittag verplant ist, für Anreise, Wartezeit, Untersuchung und Abreise. Danach warten schon die Zubereitung des Mittagessens und die Hausarbeit.

Oftmals kommt durch die großen Grundstücke und Häuser ein Riesenarbeitsaufwand auf die ältere Generation zu, wenn diese das Hab und Gut allein bewirtschaften und sauber halten müssen. Nicht selten gehört ein Garten zum Anwesen, zahlreiche Fenster müssen geputzt werden, und im Winter wird zur Schippe gegriffen. Oftmals kümmern sich Rentner auf dem Dorf auch um ihre pflegebedürftigen Eltern, die dann ebenfalls mit im Haus wohnen. Wer keine Eltern mehr hat, freut sich vielleicht über Enkel und die damit verbundenen (wenn auch angenehmen) Pflichten. Enkeldienst hält jung! Zu tun gibt es immer, auch wenn die Familie schon längst nicht mehr zu Hause wohnt.

Gerade ältere Menschen auf dem Dorf sind besonders gesellig und verstehen ihren Lebensabend zu genießen. In geselligen Runden wird nicht selten ein Glas gehoben und das Leben gefeiert. Es gibt auch in ländlichen Gegenden tolle Angebote, damit keiner in seinen eigenen vier Wänden versauern muss. Gerade auf den Dörfern sind Institutionen wie ein Seniorenclub Gold wert, beliebt und nicht untypisch. Zusammen geht es zu Veranstaltungen wie Fasching, Frauentag, Kaffeenachmittag, Tanz, Konzerten, Sommerfesten, Weihnachtsfesten und Hauptversammlungen. Durch Tagesausfahrten und kleinere Reisen kommen die Rentner raus und sind unter Gleichgesinnten. Die Jugend vom Land dürfte bei die-

sen Angeboten und Möglichkeiten neidisch werden. Doch auch die Seniorenvereine kämpfen um ihr Bestehen und Mitglieder. Durch das Ableben der Vereinsmitglieder und die wenigen Neuzugänge aufgrund des Wegganges der jüngeren Generationen und damit der »späteren Alten« wird es immer schwerer, die Mitgliederzahlen konstant zu halten. Doch gerade diese Vereine und Clubs sind für den Austausch der Senioren so wichtig. Der Kontakt zu anderen Menschen und alten Bekannten wird gefördert, die Senioren reden viel, lernen voneinander, es werden schöne und traurige Momente miteinander geteilt. Jeder kann annähernd einschätzen, wie es den anderen Mitgliedern geht, weil sie oder er in der gleichen Lage ist.

Wer keinen Seniorentreff o.ä. in seinem Dorf vorfindet, kann auf die ansässigen Busunternehmen hoffen. Diese sammeln alle Interessenten auf den Dörfern ein und fahren sie in die Schwimmhalle, auf den Markt oder zum Kaffeeklatsch mit musikalischer Unterhaltung. Dabei wird das Rundum-sorglos-Programm aufgefahren. Die Taschen werden getragen, das Essen im Restaurant wird vorbestellt, der Bus hält direkt vor der Haustür, und für die nächste Toilette ist immer gesorgt. Nur beim Wechseln der Badesachen dürfte der Busfahrer nicht zur Hand gehen. All diese Dinge mögen klischeehaft klingen, doch dieses Paket ist wichtig, um die Senioren aus ihrer Wohnung zu locken.

Ohne Zweifel kosten all diese Angebote Geld. Wer sich also nicht über eine sonderlich üppige Rente freuen kann, wird sich glücklich schätzen, ein eigenes Haus zu besitzen und damit keine Mietkosten zu haben. Doch auch die Instandhaltungskosten der eigenen vier Wände dürfen nicht unterschätzt werden.

Es ist wie überall, wer Kontakt sucht und Lust auf Freizeitaktivitäten hat, der findet auch in ländlichen Gegenden zahlreiche Möglichkeiten, um nicht in der Wohnung zu versauern. Wenn Sie jemals die Möglichkeit bekommen sollten, mit Senioren vom Land zu feiern, zu reden oder zu trinken, tun Sie es, Sie werden bestens unterhalten sein.

WARUM SIE IMMER UNTER BEOBACHTUNG STEHEN UND SICH MESSEN

Über die fehlende Anonymität wurde bereits auf Seite 20 und 21 ausführlich berichtet. Auch im Alter können Sie sich nicht vor ihren Nachbarn verstecken. Sie stehen unter Beobachtung, und genau diese Tatsache kann Leben retten.

Um es ganz drastisch und deutlich zu formulieren: Die Gefahr, dass Sie drei Monate tot in Ihrer Wohnung liegen, ohne dass es jemand bemerkt, ist gering. Nicht selten werden derartige Berichte über Verstorbene in Städten veröffentlicht. Die Familien sind weit weg, die Nachbarn sind unbekannt, da kann es Tage dauern, bis ein Familienmitglied Alarm schlägt. Auf dem Dorf ist das anders, dort kennen sich die Einwohner nicht nur gut, sie achten auch aufeinander. Wenn die Zeitung des Vortages beim Senior gegenüber noch im Briefkasten steckt, wenn die Vorhänge am Nachmittag zugezogen sind oder die tägliche Runde mit dem Hund nicht stattfindet, spätestens dann werden die Nachbarn reagieren und nach dem Rechten schauen.

Damit es nicht zu einem unangenehmen Fehlalarm kommt, sollten Ihre Nachbarn deshalb auch von Ihren Reiseplänen erfahren oder wenn Sie aus anderen Gründen das Haus für längere Zeit verlassen. Natürlich ist dies ein enormer Einschnitt in die Privatsphäre und für viele sicher undenkbar. Aber genau dieses »Abmelden« löst bei Ihrem Gegenüber ein unbezahlbares Angebot aus: »Soll ich auf dein Haus aufpassen, wenn du weg bist?« Sie haben keine Vorstellung, wie ernst Ihre Nachbarn diese Aufgabe nehmen werden, während Sie zur Kaffeefahrt in Holland sind. Zum Service der Haus-Bewachung gehören neben dem üblichen Blumengießen und Haustierefüttern vor allem der Schutz vor Einbrechern. Sobald sich ein Fremder in der Nähe Ihres Hauses aufhält, wird das bemerkt. Ihre Hausbewacher kennen schließlich auch Ihre Familie und Freunde und wissen genau, wer auf das Grundstück gehört und wer nicht. Damit potenzielle Ganoven gar nicht erst bemerken, dass bei Ihnen keiner zu Hause ist, wird Ihr Nachbar Ihren Briefkasten leeren, das eigene Auto ab und an in Ihre Einfahrt stellen, das Licht je nach Lust und Laune am Abend anschalten und die Rollos tagsüber hochziehen. Nachbarschaftshilfe deluxe und damit die schöne Seite der ständigen Kontrolle und Überwachung.

Die Senior-Nachbarn schauen allerdings auch nach Sachen, die sie nun wirklich nichts angehen. Vor allem in der älteren Generation ist die Neugier ungebrochen, und jeder scheint sich für das Leben der anderen zu interessieren. Sie analysieren den Zustand des Gartens ihrer Nachbarn, checken, ob da drüben die Fenster geputzt sind, wann der Nachbar gegenüber das letzte Mal das Auto gewaschen hat, wie lange der TV bei den Nachbarn läuft und wann sie endlich ins Bett gehen. Natürlich sind diese Beobachtungen und Erkenntnisse rein zufällig, wenn Annegret von nebenan mal wieder stundenlang aus dem Fenster schaut. Zum Glück machen es die Beobachteten nicht anders, so schließt sich der Kreis wieder. Der positive Nebeneffekt ist, dass Sie auch hier auf Unterstützung hoffen können. Entdeckt der Nachbar beim Gegenüber in der Nacht brennendes Licht auf dem Dachboden, so wird sofort angerufen und Bescheid gegeben.

Selbst wenn Sie Ihre Nachbarn halbwegs im Griff haben und sich über eine akzeptable Privatsphäre freuen können, trauen Sie niemals der Briefträgerin. Egal, ob Mann oder Frau, die Herrschaften von der Post wissen seit jeher, was auf Ihren Postkarten steht und wer Ihnen mal wieder einen Brief geschrieben hat. Erschrecken Sie also nicht, wenn die Briefträgerin strahlend auf Sie zukommt und sagt: »Guten Morgen, Ihrer Schwester scheint es ja richtig gut im Urlaub zu gefallen, dieses Jahr ist es also Griechenland geworden, und der neue Freund ist auch dabei!« Man kennt sich eben auf dem Dorf, und die Postangestellten sitzen nun einmal an der Quelle. Es wäre ja Verschwendung, den neusten Dorftratsch nicht direkt beim Ausliefern der Briefe unter das Volk zu bringen.

Besonders unter den Senioren auf dem Land ist das Phänomen verbreitet, dass alle das Gleiche zur gleichen Zeit machen. Beginnt einer im Frühjahr mit dem Fensterputz, dann dauert es keine zwei Stunden, und der Großteil der Nachbarn hat auch einen Putzlappen in der Hand. Die Devise lautet: »Bloß nicht der oder die Letzte sein.« So läuft es auch beim Rasenmähen, bei der Pflege des Gartens und bei unzähligen anderen Dingen. Doch wie bereits beschrieben, ist dieses Verhalten typisch für die Dorfrentner, die jüngeren Generationen scheinen sich diesem Druck nicht mehr ausliefern zu wollen. Getreu dem Motto: »Ist mir doch egal, was die Nachbarn denken.«

Achten die Urgroßeltern der Familie also noch auf alle Kleinigkeiten, um nicht negativ in der Dorfgemeinschaft aufzufallen, so lässt dieser Drang bei den Großeltern und der Elterngeneration schon deutlich nach. Diese kennen die ungeschriebenen Gesetze natürlich dennoch, weichen sie aber etwas auf. Die nachfolgende Generation dagegen belächelt die traditionellen Regeln und beachtet höchstens noch Standarddinge wie freundlich grüßen und hält sich sonst weitestgehend aus dem Leben der anderen raus. Ob darunter auch der Zusammenhalt und die Unterstützung untereinander leiden und auch auf dem Dorf alles ein Stück weit anonymer wird, wird sich wohl erst in den nächsten Jahren zeigen.

WIESO DER WEG ZU TERMINEN BESCHWERLICH SEIN KANN

Gerade in den ländlichen Gegenden und mit gehobenem Alter ist es keine Selbstverständlichkeit, einen Führerschein zu besitzen. Vor 70 Jahren war es nicht üblich, dass Mann und Frau einen Führerschein hatten. Selbst wenn dieser im Laufe der Jahre nachgeholt wurde, am Steuer saß nun einmal meistens der Mann. Damit verlernten die

Frauen nach und nach das Fahren, und mit 80 Jahren wieder damit zu beginnen, ist vielleicht nicht die beste Idee. Allerdings schränkt die fehlende Fahrerlaubnis extrem ein.

Früher war es nicht nötig, ständig mit dem Auto in die Nachbarstädte zu fahren, das Dorf selbst hatte alles, was für den täglichen Bedarf gebraucht wurde, den Rest warf das eigene Gut ab. Mit dem Ladensterben und dem Rückgang der Arztpraxen in ländlichen Gegenden steigt allerdings der Druck, mobil zu sein. Wenn die Senioren dann nicht selbst zum Zündschlüssel greifen können, sei es, weil sie keinen Führerschein haben, ewig nicht gefahren sind oder es die Gesundheit nicht zulässt, bleiben in der Provinz nur zwei Möglichkeiten, Termine in der Stadt wahrzunehmen: Bus oder der Fahrservice der eigenen Familie. Auf Dauer sind Taxen unbezahlbar. Dorfrentner sind fit und mobil, natürlich schwingt sich der ein oder andere auch für kurze Strecken auf sein Fahrrad oder geht ein paar Schritte zu Fuß. Allerdings kommen die Senioren spätestens beim Einkaufen oder im Winter an ihre Grenzen und wollen das Risiko eines Sturzes nicht eingehen.

Die mehr als übersichtlichen Mengen an Buslinien, die in der Provinz fahren, wurden ja bereits näher erläutert (Seite 22). Auch wenn die Senioren häufig äußerst gut mit den Fahrzeiten vertraut sind und sich schon längst mit den Zeiten arrangiert haben, ist eine Fahrt mit dem Bus nicht immer die optimale Lösung. Für einen Arztbesuch kann es funktionieren, immer in der Hoffnung, dass die Untersuchung rechtzeitig überstanden und der letzte Bus noch nicht weg ist oder die Wartezeit auf den nächsten nicht mehr als eine Stunde dauert. Doch spätestens mit schweren Einkaufstüten und auf sich allein gestellt, fällt es Hochbetagten sichtlich schwer, den Heimweg anzutreten.

Aus diesem Grund holen sich die Senioren Unterstützung in der eigenen Familie. Egal, ob Kinder oder Enkel, die meisten jüngeren Familienmitglieder haben einen Führerschein, und irgendjemand hat immer Zeit. Auch wenn die eigene Familie gern hilft, das ständige Nachfragen und Zur-Last-Fallen, so nehmen es zumindest die Rentner oftmals wahr, ist jedes Mal eine Überwindung. Um nicht zu sehr in den Alltag der jüngeren Generationen einzugreifen, richten sich Oma und Opa nach den Zeitplänen der anderen, damit die Fahrten zum Arzt oder Supermarkt nicht zu lästig werden. Es geht ja nicht nur um die kurze Fahrzeit an sich, der Fahrer ist dann ebenso beim Einkauf dabei oder muss erneut kommen, wenn er beim Arztbesuch nicht mit warten will. Spontane Ausflüge in die Stadt sind für die Senioren damit unmöglich, dafür wird der Familienfahrservice einfach zu oft für wichtigere Dinge benötigt.

Deshalb verschlägt es Rentner vom Land nur selten in die umliegenden Städte zum Kaffeeklatsch, es sei denn, der Seniorenclub bietet eine Ausfahrt an oder im Freundeskreis ist jemand mobil. Für jede Fahrt ein Taxi zu rufen ist finanziell gesehen sehr teuer, da ist es Gold wert, wenn sich einige Senioren für den Einkauf zusammentun können und einen Fahrer haben. Ein Auto voller Dorfsenioren bedeutet immer Spaß.

Doch natürlich gibt es auch bei diesem Thema eine Besonderheit, die die Menschen auf dem Dorf und das Leben auf dem Land ausmacht. Häufig werden die Dörfler bei ihrem Ausflug in die Stadt, beim Einkaufen oder Arzt von Bekannten, Nachbarn oder Dorfbewohnern angesprochen und nach Hause gebracht. Ungeplant und nicht abgesprochen. Auch auf dem Weg zur nächsten Haltestelle ist die Chance groß, dass die betagten Damen und Herren erkannt werden und aus einem Auto von der Straße ertönt: »Hey, kann ich dich mitnehmen?« Der Heimweg wird also nicht selten vom Zufall bestimmt. Sollte überraschenderweise einmal kein Dörfler zur gleichen Zeit in der Stadt sein und seinen Fahrdienst anbieten, bleibt es einfach bei der geplanten Busfahrt.

WARUM SIE IM ALTER HÄUFIG LOSLASSEN MÜSSEN

Es ist nicht ungewöhnlich, dass es vor allem im Alter zu Entbehrungen und Einschränkungen kommt. Der Körper freut sich nicht mehr grenzenlos über jede Aktivität, das Gehirn und Erinnerungsvermögen macht manchmal in den ungünstigsten Momenten eine Pause, und viele Vorhaben, die früher noch mit links zu meistern waren, werden plötzlich richtig anstrengend. Aber viel schlimmer sind oft die Verluste, die Senioren im Laufe ihres Lebensabends verkraften müssen. Immer mehr geliebte Menschen sterben, und die Einsamkeit wird oftmals ein stiller Begleiter des Alltags. Auch auf den Dörfern lernen die Bewohner das Loslassen schon recht früh, und es wird im Laufe des Lebens nicht weniger, im Gegenteil.

Der erste große Einschnitt erfolgt heute bereits in der Jugend. Nach der Schule verlieren die Menschen auf dem Land meist ihren kompletten Freundeskreis. In den Städten verabschieden sich zwar auch einige Freunde an verschiedene Universitäten oder beginnen ihre Ausbildung in anderen Städten, doch nirgends ist der Weggang von jungen Leuten so groß wie auf dem Land. Ein weiterer großer Unterschied ist, dass die Studenten und Lehrlinge nur selten in ihre Heimat zurückkommen. Wer also auf dem Dorfe bleibt, seine Zukunft in der Heimat plant, muss bereits sehr früh loslassen können.

Noch krasser sind diese Einschnitte im Seniorenalter. Durch Seniorenklubs, Stammtische und Frauentreffs wachsen die älteren Dorfbewohner auf dem Land besonders zusammen und kennen sich untereinander wirklich gut. Zu Lebzeiten ist dies das Beste, was den Senioren passieren kann. Sie können sich austauschen, zusammenschließen, sich untereinander unterstützen und gemeinsame Aktivitäten planen. Meist wohnt der Freund oder die Freundin nur ein paar Häuser weiter, und direkt im nächsten Haus leben weitere gute Bekannte. Durch diesen großen Freundes- und Bekanntenkreis häufen sich allerdings automatisch auch die Trauerfälle. Jeder

Todesfall im Dorf macht betroffen, traurig und zwingt die Senioren auf eine weitere Beerdigung. Gerade in diesen Momenten ist das Loslassen von jahrzehntelangen Freundschaften unglaublich schwer.

Noch länger als diese Freundschaften war meistens die Wohndauer im eigenen Haus. Viele Senioren auf dem Land leben bereits seit ihrer Geburt oder Kindheit in den Häusern ihrer Eltern. In jeder Lebensphase hat ihr Zuhause eine ganz besondere Rolle gespielt. In ihrer Kindheit sind sie noch selbst durch den großen Garten gerannt. In der Jugend oder im Erwachsenenalter zogen die Lebens- und späteren Ehepartner mit ins Haus. Dieses Zuhause hat eventuell Kriege, Umbauten, Unwetter und Renovierungen überstanden. Später wuchsen die eigenen Kinder dort auf, und heute sorgen die Enkel für Stimmung, wenn sie zu Besuch sind. Aber eben nur noch selten.

Egal zu welcher Zeit, das Haus der Senioren war immer voller Leben und Menschen. Heute ist es oft leer und einsam, die Kinder haben das Haus verlassen und sind in die Stadt gezogen. Die eigenen Kinder ziehen zu lassen und ihren Wunsch nach einem Leben in der Stadt zu akzeptieren ist sicherlich auch ein Loslassen der schmerzlichen Art.

Besonders im Alter bringen diese großen Häuser und ihre Grundstücke aber auch Aufgaben mit sich, die die Senioren häufig gar nicht allein stemmen können. Dazu gehört das Beheizen, die Pflege der Tiere, das Sauberhalten des kompletten Hauses und das Pflegen des Grundstückes. All diese Dinge sind für eine einzelne Person oder ein Seniorenpärchen nur bedingt stemmbar. Nicht selten heißt es auch dann: loslassen. Wenn sich das Haus aufgrund von körperlichen Einschränkungen nicht mehr instand halten lässt, entscheiden sich die meisten Senioren für ein anderes Lebensmodell (ab Seite 222). Nicht freiwillig, sondern weil es nicht anders geht. Sie verlassen ihr Haus und ziehen in eine Wohnung in der Stadt.

Das Landleben von früher hat sich in den letzten Jahrzehnten extrem verändert. Aus Kutschen wurden Autos, aus Entschleunigung durch die Natur wurde Stress wie auch in den Städten, die Bäcker, Metzger, Tante-Emma-Läden der Kindheit gibt es nicht mehr, die Landwirtschaft ist nicht wiederzuerkennen, die Postfiliale hat geschlossen, und der Bus fährt nicht mehr. Häufig sind diese Veränderungen für die Senioren besonders schwer anzunehmen, doch auch hier müssen sie loslassen können und sich wie so oft auf neue Gegebenheiten einlassen.

WARUM WITWEN OFT FÜR IMMER ALLEIN BLEIBEN

Es gibt 6 Millionen verwitwete Menschen in Deutschland. Ein Großteil (ca. 5 Millionen) ist, wegen der höheren Lebenserwartung, weiblich. Durchschnittlich müssen diese Frauen weitere 15 Jahre ihres Lebens ohne den verstorbenen Ehegatten verbringen.[60]

Während es für Witwen in Städten Trauer- und Selbsthilfegruppen gibt, gibt es solche Angebote auf dem Land nur äußerst selten. Wer an vergleichbaren Treffen teilnehmen möchte, muss in die Nachbarstädte, und schon stehen die Witwen wieder vor einem Mobilitätsproblem. In den Dörfern selbst gibt es Vereine, die ähnlich gut funktionieren und heilen könnten wie diese Selbsthilfegruppen, die Seniorenvereine. Doch gerade nach dem Tod des geliebten Mannes ziehen sich die Frauen auf dem Land für lange Zeit zurück, befürchten den Dorftratsch, wenn sie sich zu schnell auf irgendwelchen Veranstaltungen sehen lassen. Gerade dann, wenn die Nähe zu anderen Frauen, die das Gleiche erlebt haben, so wichtig wäre, bleiben die Witwen oft allein für sich.

Natürlich lassen auch in dieser Zeit die Freunde, Nachbarn und Bekannten keinen Versuch aus, die Damen zurück in ihre Mitte zu holen, auf andere Gedanken zu bringen und abzulenken. Die Trauerzeit wird aber gerade auf dem Dorf und bei der älteren Generation penibel eingehalten, auch hier ist den Senioren der Dorftratsch nicht egal. Während in der Stadt die wenigsten Menschen vom Verlust des Partners erfahren, weiß das ganze Dorf, wenn Sie Ihren geliebten Ehemann verloren haben. Dadurch ändert sich die Situation natürlich extrem. Wie sollen die Dorfbewohner mit der frisch Verwitweten umgehen? Selbst die Todesursache wissen die meisten Nachbarn im Handumdrehen. Selbst Senioren, denen die Ablenkung durch Vereinstreffen und Feiern nach dem Tod ihres Partners guttun würde, fällt es schwer, so schnell wieder am normalen Leben teilzunehmen. Eine Witwe, deren Mann vor einem Monat verstorben ist, geht mit zur Seniorenausfahrt oder zum Weihnachtsfest der Senioren? Die Reaktionen der anderen Dörfler, hinter vorgehaltener Hand, sind nicht selten Sätze wie »Das macht man doch nicht!« oder »Das gehört sich nicht!«. In solchen Situationen kann die Anonymität einer Großstadt ein Segen sein.

Besonders auf dem Land bleiben Witwen häufig den Rest ihres Lebens allein, suchen sich keinen neuen Partner. Nach der Zeit der Trauer haben sich die Frauen oftmals so gut an ihr Leben allein gewöhnt, dass sie sich eine weitere Beziehung nicht vorstellen können. Statt nach einem Mann zu suchen, verbringen sie ihre Zeit mit Freunden, Nachbarn und anderen Witwen. Natürlich bleiben die Damen offen für neue Bekanntschaften, getreu dem Motto: »Wenn sich etwas ergibt«, doch was soll sich schon ohne Bemühungen ergeben? Wie bereits auf Seite 92 näher beschrieben, ist es nicht leicht, auf dem Land einen Partner zu finden. Im Alter wird dies natürlich nicht einfacher, im Gegenteil. Betagte und fitte Witwer oder Singlemänner sind oft Mangelware in den Dörfern.

Anders verhalten sich dagegen oftmals die Herren der Schöpfung nach einem tragischen Verlust im Alter. Natürlich trauern Männer nicht weniger intensiv als Frauen, sie packen ihr Leben danach aber häufig anders an. Gerade in alten Bauernfamilien haben sich vor allem die Frauen um die Familie und die Verpflegung gekümmert. Der Mann war die meiste Zeit auf dem Feld, arbeiten und im Stall. Auch deshalb fällt es verwitweten Männern häufig schwer, einfachste Dinge wie Behördengänge oder Friseurtermine selbst zu organisieren und umzusetzen. Sie mussten diese Sachen einfach nie selbst machen, dafür waren die Frauen zuständig. Diese Generation der Herren möchte umsorgt sein, ein Leben lang. Nicht selten haben Witwer auf dem Land deshalb, vor allem im Vergleich zu verwitweten Frauen, relativ schnell wieder eine Lebenspartnerin an ihrer Seite. Diese Männer sagen ganz klar, dass sie nicht allein leben wollen, und möchten eine Frau, die die ihrer Ansicht nach typischen Aufgaben einer Ehepartnerin wieder übernimmt. So wie es immer war.

Auch bei der Suche nach einer potenziellen neuen Freundin stellen sich die Witwer deutlich geschickter an. Ob im Freundeskreis, die Jugendliebe, eine Alleinstehende aus dem Nachbarort, eine Schulkameradin von damals oder eine Witwe aus dem Dorf, wer bewusst sucht und offen für eine neue Beziehung ist, wird häufig auch fündig. Dabei geht es nicht immer darum, dass die Witwer im Alter noch einmal ihre zweite große Liebe finden wollen, vielmehr geht es um ein gemütliches Zusammenleben und damit einen schöneren Lebensabend für die Frau und den Mann.

Wenn die neue Partnerin tatsächlich im eigenen Dorf oder dem Nachbardorf lebt, bleiben die Wohnverhältnisse der Senioren auch oftmals unverändert. Um die Nähe zum anderen zu genießen und dennoch sein eigenes Leben selbstbestimmt weiterleben zu können, ziehen diese Pärchen nicht immer in eine gemeinsame Wohnung. Oftmals behalten sie ihr Zuhause und halten sich dort auf, wo es ihnen gerade am besten gefällt. So müssen die Senioren ihre Familien, Freunde und Nachbarn nicht verlassen und können sich dennoch auf schöne gemeinsame letzte Jahre freuen.

Das Messie-Syndrom beschreibt ganz gut den Zustand der Keller und Dachböden von Menschen auf dem Land. Wo viel Platz ist, müssen Sie sich auch nicht so schnell von Sachen trennen. Während ein Messie seinem Vermüllungssyndrom vor allem in der eigenen Wohnung nachkommt, weichen die Dörfler auf unbewohnte Räume aus. Natürlich hat das Aufheben von Dingen nicht zwangsläufig etwas mit einer Zwangsstörung zu tun, und sicher sind die Menschen auf dem Land keine Messies. Aber der Vergleich veranschaulicht das Sammeln der Dörfler recht gut. Vor allem auf dem Land hat dies allerdings einen ganz anderen Hintergrund. Einen Satz werden Sie auf dem Dorf besonders oft hören: »Das könnte ich ja noch brauchen!«

Vor allem in Mehrgenerationenhäusern und bei alten Menschen lassen sich wahre Schätze auf dem Dachboden oder im Keller finden. Alles, was irgendwann einmal abgelegt, versteckt oder untergebracht werden musste, sammelt und stapelt sich dort. Wer die Sachen nicht unbedingt im Haus haben will oder wenn die beschriebenen Abstellmöglichkeiten bereits besetzt sind, weichen viele Dörfler auch auf einen Schuppen, die Garage oder Ähnliches aus. Die Möglichkeiten und der Platz sind bei den großen Grundstücken häufig zur Genüge vorhanden. Da können nach vielen Jahrzehnten wahre Raritäten dabei sein. Nicht selten verschwinden die Kinder der Familie in diese Räume und durchstöbern Opas Wunderkisten.

Natürlich finden sich für diese Sachen, vor allem, wenn es Baumaterialien oder Möbel sind, Abnehmer, oder es kommt zum zweiten Frühling der Dinge. Aus alten Holzlatten wird ein neues Baumhaus oder ein Geräteschuppen gebaut, und die alten Möbel schmücken das Jugendzimmer der Enkel. Doch die Sammellust geht weit über sinnvolle Gegenstände hinaus. Ob Nägel, Schleifchen oder alte Stoffe, wirklich alles findet sich irgendwo wieder. Aus alten Laken werden Putzlappen oder Faschingskostüme gemacht, Nägel können nie genug im Haus sein, und die Schleifchen werden sicher irgendwann ein Geburtstagskind verschönern.

Es ist schwer nachzuvollziehen, warum all diese Dinge aufgehoben werden, aber es führt dazu, dass vor allem die Familienoberhäupter ständig um Hilfe gebeten werden: »Oma, ich brauche noch Reißzwecken und Farbe für mein Schulprojekt, hast du welche?« – »Opa, ich brauche Werkzeug, Holz und Teppich für unseren neuen Jugendtreff, kannst du mir helfen?« Egal, wer kommt und was gesucht wird, die Besitzer des Hauses wissen ganz genau, wo alles liegt. Auch wenn Sie es nicht für möglich halten, die Dörfler beherrschen ihr »Messie-Chaos«.

Die handwerklichen Fähigkeiten der Landleute spielen dabei natürlich auch eine tragende Rolle. Was bringt es schon, wenn der Dachboden voller Material, Holz und Tapetenreste liegt und keiner etwas damit anfangen kann. Wer viel selbst macht, baut, renoviert und erneuert, braucht dagegen ständig Material. Dabei werden die Dörfler oftmals auch äußerst kreativ. Nur weil etwas ursprünglich ein Aquarium, ein Teppich oder eine Spanplatte war, heißt das noch lange nicht, dass das auch beim Wiederverwerten so bleibt.

Das Aquarium wird trockengelegt, mit Dreck und Ästen, Laub und einem kleinen Häuschen gefüllt und so zum Paradies für Landschildkröten. Die Teppichreste werden so geschnitten und verbunden, dass sie am Ende zusammen mit etwas Holz ein Miniatursofa für die Enkel ergeben, und aus den Spanplatten wird die coolste Seifenkiste im ganzen Dorf gebaut.

Aber auch große Gegenstände, die wirklich viel Platz einnehmen, werden gelagert. Vor allem in den Garagen finden Sie große Mengen an technischem Kram, Fahrzeugteilen und Zubehör. Es ist alles da, um ein Fahrrad zu reparieren, ein Moped wieder in Gang zu bringen oder aus zwei kaputten Rasenmähern wieder einen funktionierenden zu machen. Dem Messie-Syndrom und eigenem Talent sei Dank. Keiner sammelt so schön wie die Menschen auf dem Dorf, aber es belebt auch keiner alte und kaputte

Dinge so fantasievoll wieder zum Leben wie die Menschen auf dem Land.

Ebenfalls typisch Dorf ist die Tatsache, dass zum Beispiel alte Möbelstücke auch dann behalten werden, wenn sie richtig wertvoll geworden sind. Durch die vielen Generationen und Jahre ist es nicht selten, dass sich auf dem Dachboden historische Leckerbissen befinden und ein alter Schrank ein paar Tausend Euro einbringen kann. Oftmals wissen die Besitzer gar nichts von ihrem Glück, aber selbst wenn, werden sie sich vermutlich nicht von ihrem historischen Goldstück trennen.

WARUM ES IM ALTER ZU SCHWIERIGKEITEN KOMMEN KANN

Bereits im Jahr 2030 wird laut Prognosen die Hälfte der Bundesbürger älter als 48,1 Jahre sein. Außerdem wird die Zahl der Hochbetagten über 80 Jahre bis dahin bundesweit um 47,2 Prozent auf über 6,3 Millionen steigen. Der damit verbundene steigende Unterstützungs- und Pflegebedarf ist schon längst kein Geheimnis mehr. Der Pflegenotstand ist bereits heute überall in Deutschland angekommen.[61] Besonders hart trifft es dabei die Senioren und Pflegebedürftigen auf dem Land. Die Relation zwischen Alt und Jung entwickelt sich auf den Dörfern noch ungünstiger als in den Städten.

Probleme bei der Versorgung der älteren Bevölkerung gibt es sowohl auf den Dörfern als auch in den Städten. Während in den Städten barrierefreier Wohnraum nicht zu finden oder zu bezahlen ist, fehlt es auf dem Land an ambulanten Pflegeangeboten, und die Verkehrsanbindungen sind so schlecht, dass die Mobilität der Senioren extrem eingeschränkt wird. Einfach mal schnell ins Café, um sich mit Freunden zu treffen, den dritten Arzttermin in dieser

Woche pünktlich einhalten, die Familie ins Restaurant einladen oder kurz was einkaufen gehen ist nicht ohne Weiteres möglich.

Wer keinen Führerschein besitzt, ist aufgeschmissen, das Problem wurde bereits näher auf den Seiten 24 und 25 beschrieben. Die infrastrukturellen Probleme, wie die Anbindung von öffentlichen Verkehrsmitteln, ist gerade für Senioren nicht nervig oder umständlich, sondern stellt diese meist vor unlösbare Probleme, wenn sie keine Unterstützung von der Familie oder von Freunden erfahren.

Auch wenn die Probleme in den Städten und auf dem Land verschieden sind, die Senioren verbindet der Wunsch nach einem selbstbestimmten Leben in den eigenen vier Wänden, solange es gesundheitlich und finanziell irgendwie möglich ist.

Gerade das Leben auf dem Land, welches in jungen Jahren Freiheit durch große Grundstücke und Häuser bedeutet, wird mit steigendem Alter und zunehmenden körperlichen Einschränkungen deutlich schwieriger. Häufig sind die Senioren nicht mehr in der Lage, die Arbeiten auf dem Grundstück und im viel zu großen Haus zu beherrschen. Auch die Pflege der älteren Generation durch die eigene Familie ist in den Dörfern fast ausgeschlossen. Wenn der Großteil der Verwandtschaft in die Städte gezogen ist, ist eine Pflege des Pflegebedürftigen in den eigenen vier Wänden nicht leistbar, zu weit sind die Wege, und zu viel Zeit wird in Anspruch genommen. Die gleichen Probleme haben ebenso die Pflegedienste auf dem Land. Die Strecken zwischen den Patienten sind so groß, dass das Zeitmanagement nur selten passt und so der Finanzplan ins Wanken gerät.

Aus all diesen Gründen sind das menschliche Miteinander und das enge Verhältnis der Nachbarn in kleinen Dörfern unbezahlbar. In den Städten erfahren deutlich weniger Senioren Hilfe durch ihr direktes Umfeld. Wie bereits beschrieben, unterstützen sich die Menschen auf dem Land durch Fahrgemeinschaften und schauen aufeinander, sie helfen sich gegenseitig mit ihren Fähigkeiten.

Neben der Pflege und der Möglichkeit, sich selbst zu versorgen, ist der Ärztemangel das wohl größte Problem in ländlichen Regionen. Schon heute sind Hausärzte knapp, auf den wenigsten Dörfern gibt es sie überhaupt noch. Bereits in der nächsten Zeit werden bis zu 50.000 niedergelassene Ärzte in den Ruhestand gegangen sein, die Nachwuchsmediziner zieht es in die Metropolen, aufs Land wollen die wenigsten. Die Politik will mit Zuschüssen für die Praxisneueröffnung und Stipendien für angehende Landärzte werben. Bisher sind dies allerdings nur Ideen und Ansätze, ausreichen werden diese Pläne auf keinen Fall. Vielen jungen Ärzten fehlen auf dem Land die Freizeitmöglichkeiten, und es zieht sie eher an den OP-Tisch statt in die eigene Landarztpraxis.[62] Gerade für ältere Menschen, die deutlich häufiger unter gesundheitlichen Problemen leiden, zu Gesundheitschecks müssen oder Rezepte benötigen, ist diese Entwicklung fatal und erweitert das Problem der Mobilität.

Auch wenn bereits heute am Ausbau von Angeboten wie Online-Ärzten gearbeitet wird, ist fraglich, ob dieses Konzept bei den Senioren Anklang und Verständnis finden wird. Der Umgang mit dem Internet, eine gute Internet-Qualität, die erforderlichen technischen Geräte, all dies gehört nicht unbedingt in jeden Haushalt der Dorfsenioren.

All diese Probleme und Schwierigkeiten der älteren Generation führen dazu, dass immer mehr Lösungsansätze entwickelt werden, damit die Senioren einen Lebensabend ohne Sorgen verbringen können. Eines dieser Konzepte heißt »Seniorendorf« und wird im nächsten Text näher beleuchtet.

WIESO SENIORENDÖRFER UND CO. NEUE PERSPEKTIVEN BIETEN

Immer mehr Senioren erleben die gleiche Zwickmühle: Zu fit für das Heim und trotzdem viel zu oft allein. Deshalb entstehen innerhalb von Städten, aber auch von größeren Dörfern immer mehr »Seniorendörfer«. Vielen ist diese Art des Wohnens für Senioren auch als »Service Wohnen« oder »Betreutes Wohnen« bekannt. Die perfekte Lösung für einsame, aber fitte Rentner, ebenso wie für Pflegebedürftige, die dennoch selbstbestimmt in ihren eigenen vier Wänden leben möchten.

Besonders für die Menschen auf dem Land sind diese Seniorendörfer ein Lichtblick. Wenn die Familien in die Städte ziehen und die Senioren in den Dörfern durch fehlende Mobilität an ihr Zuhause und ihr Dorf gefesselt sind, verlieren diese enorm an Freiheit. Die Mietwohnungen sind für viele Dörfler allerdings eine große Umstellung und dennoch eine noch größere Chance. Wer bereit ist, sein Haus zu verlassen, wenn nötig in die Nachbarstadt zu ziehen und das nötige Kleingeld besitzt, bekommt durch diese Anlagen ein interessantes Gesamtpaket für den Lebensabend.

Die eigene Familie wird durch die Betreuung der Senioren extrem entlastet, außerdem sind die Wohnungen und das Gelände barrierefrei. In den wenigsten Häusern auf dem Dorf ist das der Fall. Durch die Nähe zu den anderen Bewohnern fällt es den Senioren wieder deutlich leichter, Kontakte zu knüpfen und das Haus zu verlassen. Durch die verschiedenen Modelle der Betreuung müssen die Rentner bis zu ihrem Lebensende nicht mehr umziehen, die benötigte Pflege und Betreuung wird an den Gesundheitszustand der Bewohner angepasst. Ein selbstbestimmter Lebensabend mit Unterstützung durch Fachpersonal ist somit deutlich greifbarer als allein in einem leer stehenden, mehrstöckigen Haus in der tiefsten Provinz. Diese Entscheidung zu treffen, sich auf derartige Einrichtungen festzulegen, fällt aber gerade den Menschen auf dem Land besonders schwer, da sie ein Leben lang, ohne fremde Hilfe inmitten ihrer Familien in ihren eigenen Häusern auf großen Grundstücken gelebt haben.[63]

Das erste Seniorendorf seiner Art entstand am Rande der Stadt Meppen. Es hebt sich etwas vom betreuten Wohnen ab. Der »Seniorenwohnpark« wird mittlerweile nur noch Seniorendorf genannt. Die Bewohner haben hier sogar ihre eigenen Häuser. Es gibt 43 Baugrundstücke, 36 Häuser und einen Tante-Emma-Laden. Die Häuser kosten zwischen 120.000 und 180.000 Euro und sind perfekt auf ältere Bewohner abgestimmt. Jedes von ihnen ist einstöckig, barrierefrei mit abgerundeten Kanten und Duschen, die auch mit dem Rollstuhl ohne Probleme befahrbar sind. Die Betreuerin, die ebenfalls im Dorf lebt, ist 24 Stunden am Tag erreichbar und hilft, wenn Hilfe benötigt wird. So wird den Senioren im »Seniorenwohnpark am Heideweg« ein freies, selbstbestimmtes und unabhängiges Leben geboten. Noch viel wichtiger ist aber der Aspekt, dass die älteren Herrschaften trotz dieser Freiheiten eine gewisse Sicherheit genießen und wissen, dass im Notfall immer jemand in kürzester Zeit zur Stelle ist.[64]

Der Politik gefallen derartige Ideen und Projekte nicht immer. Die Seniorendörfer bedeuten, wenn sie wie das Projekt in der Nähe von Meppen angelegt sind, eine gesellschaftliche Spaltung. Statt Siedlungen am Stadtrand soll laut Politik leer stehender Wohnraum genutzt werden. Nicht selten wird im selben Atemzug auf Mehrgenerationenhäuser hingewiesen. Der Grundgedanke dabei ist das Zusammenleben von jungen und alten Menschen in einem Haus. Wie bereits ab Seite 80 beschrieben, kann dieses Konzept perfekt funktionieren, zusammen mit der eigenen Familie. Diese Konstellation künstlich und mit fremden Menschen nachzustellen hat sich jedoch mancherorts als äußerst schwierig herausgestellt.

Vor allem für Dörfler ist es besonders schwer, im Alter Hilfe von anderen anzunehmen, da sie ein Leben lang hart gearbeitet haben, selbstständig und selbstbestimmt waren und eigene Grundstücke,

Häuser oder Wohnungen besessen haben. Die Umstellung und ein Umzug vom eigenen Häuschen auf dem Land in ein betreutes Wohnen, ein Seniorendorf oder ein Pflegeheim ist deshalb ein schwieriger Schritt. Dennoch ist es für die Dorfsenioren auch typisch, dass sie diesen Schritt für ihre Familien gehen. Das glückliche Leben der eigenen Kinder steht dabei im Vordergrund. Bevor der Rest der Familie dazu gezwungen ist, die Pflege der Senioren zu übernehmen, gehen die Dorfrentner »lieber« in ein betreutes Wohnen oder sogar ins Altenheim. Ohne Frage sind die Familienmitglieder oftmals gern bereit, zu unterstützen, die Senioren dagegen möchten, dass diese ihr Leben genießen, und das Letzte, was sie wollen, ist zur Last zu fallen.

WARUM RUNDE GEBURTSTAGE UND BEERDIGUNGEN ÄUSSERST GESELLIG SIND

Die Mentalität der Menschen auf dem Land ist am besten mit einem Sprichwort zu beschreiben: »Wer feiern kann, kann auch arbeiten.« In diesem Fall bedeutet das, dass die Dörfler gern und ausgiebig feiern und dem Alkohol dabei nicht abgeneigt sind. Dennoch stehen sie am nächsten Morgen wieder im Stall, sitzen im Büro oder unterrichten Schüler. Dass es zum Feiern auf dem Land keine wirklichen Anlässe braucht, wurde bereits mehrfach beschrieben. Nun stellen Sie sich doch einmal vor, wie gefeiert wird, wenn es tatsächlich einen Anlass gibt.

Besonders bei runden Geburtstagen kommen die Menschen auf dem Land nicht mehr aus dem Feiern raus, und ob Sie es glauben oder nicht, mit jedem weiteren Lebensjahr wird es schlimmer. Das kommt nicht daher, dass die Senioren vom Land besondere Feierbiester sind, sondern das liegt an dem unglaublich großen Freundes- und Bekanntenkreis, den die Älteren im Laufe der Jahre aufbauen.

Dass sich die Familie zu den runden Geburtstagen trifft und im großen Kreis Familienfeiern zelebriert werden, ist absolut normal. Zum großen Kreis gehören dann auch die Groß-Cousins, die Partner der Enkel und Urenkel und das halbe Dorf. Sie haben richtig gelesen. Die Jubilare laden neben der Familie auch ihre Freunde und Nachbarn aus dem Dorf ein, wenn das Verhältnis stimmt. So kommt es, dass im Alter gefühlt an jedem Wochenende eine Geburtstagsfeier für die Senioren ansteht, diese laden sich nämlich immer wieder gegenseitig ein. Oft kommen dabei so viele Gäste zusammen, dass die Feiern in Gaststätten und Restaurants stattfinden. Zu Hause wäre die Masse der Leute weder zu bewirten, noch gibt es genug Platz für über 50 Personen.

Wenn Sie in einem Verein sind, kommen natürlich auch die Vereinsvorsitzenden zum Gratulieren vorbei und geben sich wahrscheinlich mit dem Bürgermeister die Klinke in die Hand. Ab einem bestimmten Alter lässt sich nämlich auch der Vertreter der Stadt nicht lange bitten. Aber keine Angst, dafür sollten Sie schon die 90er-Marke knacken, wenn Sie sich über diesen Ehrengast freuen wollen.

Noch etwas voller wird dann der Kreis der Gratulanten, wenn der Kirchenchor ein Liedchen trällert oder der Alleinunterhalter in die Tasten seines Keyboards haut. Natürlich alles Geschenke der Familie und Freunde. Nach ihrem Auftritt werden auch die Künstler zu Tisch gebeten und machen so den großen Kreis der Gäste komplett. Dass der Wirt an diesem Tag ein zweites Fass Bier in der Kühlung haben sollte, muss wahrscheinlich nicht erwähnt werden.

Dass es im gleichen Text auch um Beerdigungen geht, mag erst einmal makaber erscheinen, doch es lässt sich leicht erklären, warum diese beiden Veranstaltungen etwas gemeinsam haben. Vorweg sei gesagt, dass es um Beerdigungen von alten Menschen geht. Nicht, dass diese Beerdigungen nicht emotional und traurig sind, aber auf den Dörfern dominieren die positiven Erinnerungen an den Toten und nicht der Schmerz des Abschiedes.

Gerade auf dem Land vertreten die Menschen die Meinung, dass das Sterben eben zum Leben dazugehört. Wahrscheinlich sind sie vor allem durch das Schlachten und Sterben von Haus- und Nutztieren deutlich abgehärteter, was dieses Thema betrifft. Ja, ein Mensch ist kein Tier, aber auf dem Land kommen Sie deutlich häufiger mit dem Tod in Berührung als in der Stadt. Nicht selten werden Sie beim Leichenschmaus Sätze hören wie: »Vielleicht sehen wir uns heute das letzte Mal«, »Er hat sein Leben gelebt« oder »Wahrscheinlich bin ich der Nächste«. Solche Kommentare fallen immer nebenbei und werden locker dahingesagt, die Wahrheit der Aussage bleibt aber bestehen.

Gerade auf Begräbnissen finden sich dieselben Menschen zusammen, die vielleicht vor ein paar Wochen noch einen Geburtstag gemeinsam begossen haben. Natürlich gibt es auf den Beerdigungen keinen Alleinunterhalter, aber es wird viel gegessen und getrunken, eine Menge geredet, und der Verstobene wird eher gefeiert als betrauert. Wer zu Lebzeiten gern zusammen mit seinen Freunden bei einem Bier zusammensaß, wünscht sich dies auch zu seiner Beerdigung für die Trauergäste. Oftmals sitzt die Trauergemeinde nach dem Kirchbesuch viele Stunden in einer Gaststätte zusammen und schwelgt bei angeregten Gesprächen, Kuchen und belegten Brötchen in Erinnerungen.

Früher gehörte es noch zum guten Ton, Beerdigungen zu besuchen, selbst wenn einem die Verstorbenen nicht wirklich bekannt waren, vielleicht nur vom Grüßen auf der Straße. Vor allem in kleinen Dörfern ließen sich die Dorfbewohner bei älteren Verstorbenen oder Gleichaltrigen aus Respekt beim Begräbnis sehen. Mittlerweile ebbt dies ab. Eine von unzähligen Traditionen auf dem Land, die sich verändern oder ganz verschwinden.

Auch das Leben in der Provinz ist in einem ständigen Wandel begriffen. Alte Traditionen leben durch die jungen Dörfler noch einmal auf oder geraten langsam in Vergessenheit. Neue Traditionen suchen sich ihren Platz in der Dorfgemeinschaft, und bei allen

Gemeinsamkeiten, die die Dörfer und die Menschen auf dem Land teilen, könnten sie verschiedener nicht sein. Jedes Dorf ist einzigartig. Am Ende bleibt festzuhalten, dass das Leben auf dem Land und die Bewohner der Dörfer etwas ganz Besonderes sind.

DANKE

Als ich als kleines Mädchen über die Wiesen in meinem Heimatort Langenreinsdorf gesprungen bin, war ich sehr glücklich, mein Kopf voller verrückter Ideen und Streiche und mein Herz voller Wünsche, wie mein Leben einmal aussehen soll. Ich wollte immer die große Welt sehen, am liebsten nach Hollywood und ein Star werden. Ganz so ist es nicht gekommen, aber einen meiner größten beruflichen Wünsche habe ich mir mit diesem Buch tatsächlich erfüllt. Ich habe es geliebt, jede Seite dieses Werkes zu schreiben, weil ich mein Leben auf dem Dorf nie vergessen werde. Die Natur, die Freiheit und vor allem die Menschen auf dem Land haben mich geprägt und auf ein Leben in dieser verrückten Welt vorbereitet. Ich habe mich nie wie ein Außenseiter gefühlt, weder in fremden Städten, in denen ich gelebt habe, noch in anderen Ländern. Das Dorfleben hat mir gezeigt, wie wichtig es ist, auf Menschen zuzugehen, sich für ihre Geschichte zu interessieren, zuzuhören und zu helfen, wo es geht. So habe ich es geschafft, mich wirklich in jeder neuen Heimat wohlzufühlen. Den größten Anteil daran, wer ich heute bin, hat allerdings vor allem meine Familie, deshalb möchte ich mich bei meinen Eltern, Großeltern und meiner Schwester besonders bedanken. Ohne euch wäre es nie zu diesem Buch gekommen. Danke für eine wunderschöne Kindheit und eine spannende Jugend auf dem Dorf, ihr habt den Menschen geformt, der ich heute bin. Eure bedingungslose Unterstützung ist einzigartig.

Besonders wichtig für dieses Buch war jedes einzelne Interview mit Dörflern und Städtern und die damit verbundenen tollen Gespräche.

Ein ganz besonderer Dank geht auch an meinen Verleger Oliver Schwarzkopf und meinen Literaturagenten Dr. Martin Brinkmann. Die Chance, dieses Buch zu schreiben, hat mich unglaublich motiviert und glücklich gemacht, und es hätte kein passenderes Thema für das Mädchen vom Dorf geben können. Danke, dass Sie mich dazu gebracht haben, alle Erinnerungen an diese wundervolle Zeit aufzufrischen, neue Fakten zu recherchieren und Interviews auf dem Land zu führen. All diese Erfahrungen waren sehr bereichernd, spannend, emotional und lustig zugleich. Kai, dir danke ich für das tolle Foto. Ich möchte mich außerdem bei meiner Freundin Katha bedanken, die meine literarischen Ergüsse jederzeit unterstützt, korrigiert und verbessert, ohne meinen Stil zu verändern, und mir so eine große Stütze bei diesem Buch war.

Vattke, danke für deine Ideen und die alten Geschichten, ich kenne sie eben doch noch nicht alle. Ich bin sehr dankbar, dass ich deine kreative Ader vererbt bekommen habe.

Das größte Dankeschön geht an meinen Mann Alexander. Danke, dass du mich meine Träume leben lässt und mir ein Zuhause und eine wundervolle Familie gibst. Ich liebe dich.

Und last, but not least danke ich Ihnen, liebe Leser, dass Sie dieses Buch in den Händen halten. Ich bin neugierig, ob Sie Ihr Dorf wiedererkennen, ob Sie Spaß hatten beim Lesen und ob es Fragen gibt, bei denen ich Ihnen weiterhelfen kann. Schreiben Sie mir jederzeit eine E-Mail: info@kristinavomdorf.com.

Sollten Sie mein Leben weiterhin verfolgen wollen, schauen Sie gern auf meinem Blog vorbei: www.kristinavomdorf.com.

Alle Namen im Buch sind übrigens frei erfunden. Nicht, dass ich in meinem Heimatdorf eine Welle der Empörung lostrete und verjagt werde. Ich hoffe dennoch, dass das Buch mindestens eine Woche lang Hauptbestandteil des Dorftratsches ist.

Danke, Langenreinsdorf!

QUELLEN

1 Dr. Simon-Martin Neumair unter: https://wirtschaftslexikon.gabler.de/definition/stadt-43260 (abgerufen am 04.02.2019)

2 Susanne Schäfer: »Ist das Landleben gesünder als das in der Stadt?«, unter: www.zeit.de/zeit-wissen/2014/04/gesundheit-landleben-stadtleben (abgerufen am 04.02.2019)

3 NIK/DPA: »Der Hahn kräht nach innerer Uhr«, unter: www.spiegel.de/wissenschaft/natur/hahn-kraeht-nach-seiner-inneren-uhr-a-889599.html (abgerufen am 10.03.2019)

4 »Depressionen in der Stadt«, unter: www.huffingtonpost.de/2014/04/12/stadte-gesundheit-depression_n_5131092.html (abgerufen am 0601.2019)

5 Zitat Karl Talnop, unter: www.spruch-archiv.com/completelist/?query=Anonymit%C3%A4t (abgerufen am 28.05.2019)

6 Hanno Taufenbauch: »Jedes Dorf braucht seinen Bus«, unter: www.svz.de/lokales/prignitz/jedes-dorf-braucht-seinen-bus-id14248861.html (abgerufen am 01.03.2019)

7 »Anzahl der Personen in Deutschland, die einen Pkw-Führerschein besitzen, von 2015 bis 2018 (in Millionen)«, unter: https://de.statista.com/statistik/daten/studie/172091/umfrage/besitz-eines-pkw-fuehrerscheins/ (abgerufen am 01.03.2019)

8 Spiegel Online: »Zahl der Führerscheinprüfungen sinkt erneut«, unter: www.spiegel.de/auto/aktuell/zahl-der-fuehrerscheinpruefungen-sinkt-erneut-a-929241.html (abgerufen am 01.03.2019)

9 Bastian Modrow: »In Zukunft schon ab 16 allein im Auto?«, unter: www.kn-online.de/Nachrichten/Schleswig-Holstein/Dorf-Fuehrerschein-In-Zukunft-schon-ab-16-allein-im-Auto (abgerufen am 01.03.2019)

10 Zitat Bastian Modrow: »In Zukunft schon ab 16 allein im Auto?«, unter: www.kn-online.de/Nachrichten/Schleswig-Holstein/Dorf-Fuehrerschein-In-Zukunft-schon-ab-16-allein-im-Auto (abgerufen am 01.03.2019)

11 Maximilian Weingartner: »Wie sich das Landleben verändert«, unter: www.faz.net/aktuell/wirtschaft/langzeitstudie-wie-sich-das-landleben-veraendert-13883382.html (abgerufen am 03.03.2019)

12 Josef Hölzle: »Küken in der Küche und ein Bad im Stall«, unter: www.augsburger-allgemeine.de/mindelheim/Kueken-in-der-Kueche-und-ein-Bad-im-Stall-id23437291.html (abgerufen am 13.04.2019)

13 Jessica Kuschnik und Thomas Reisener: »So kämpfen Dörfer gegen das Aussterben«, unter: https://rp-online.de/nrw/panorama/so-kaempfen-doerfer-gegen-das-aussterben_aid-21577511 (abgerufen am 14.04.2019)

14 Martina Frietsch: »Wenn die Dörfer sterben«, unter: www.planet-wissen.de/gesellschaft/landwirtschaft/landleben_die_neue_lust_aufs_leben/pwielandlebenheutewenndiedoerfersterben100.html (abgerufen am 14.04.2019)

15 Frankfurter Allgemeine: »Die Deutschen flüchten vom Land«, unter: www.faz.net/aktuell/politik/inland/bertelsmann-studie-landflucht-haelt-an-13691768.html (abgerufen am 05.02.2019)

16 Daniel Dettling: »Dem Leben auf dem Land gehört die Zukunft«, unter: www.welt.de/debatte/kommentare/article162598346/Dem-Leben-auf-dem-Land-gehoert-die-Zukunft.html (abgerufen am 05.02.2019)

17 Christiane Varga: »Wem gehört die Zukunft – Stadt oder Land?«, unter:

www.zukunftsinstitut.de/artikel/wohnen/wem-gehoert-die-zukunft-stadt-oder-land/ (abgerufen am 05.02.2019)

18 DPA: »Kommission will Kliniken und Schulen auf dem Land erhalten«, unter: www.morgenpost.de/berlin/article217054183/Kommission-will-Kliniken-und-Schulen-auf-dem-Land-erhalten.html (abgerufen am 13.04.2019)

19 H. B., Sögel: »Was bedeutet das Läuten der Kirchglocken?«, unter: www.tag-des-herrn.de/content/was-bedeutet-das-laeuten-der-kirchenglocken (abgerufen am 17.01.2019)

20 Jana Damhorst: »Die Bedeutung von Naturnähe und Naturerfahrung für die Soziale Arbeit mit Kindern und Jugendlichen«, unter: https://bvnw.de/wp-content/uploads/2014/03/Die-Bedeutung-von-Naturna%CC%88he-und-Naturerfahrung-fu%CC%88r-die-Soziale-Arbeit-mit-Kindern-und-Jugendlichen.pdf (abgerufen am 25.02.2019)

21 Duden, unter: www.duden.de/rechtschreibung/tratschen (abgerufen am 23.03.2019)

22 Zentralverband des deutschen Handwerks: »Wirtschaftlicher Stellenwert des Handwerks 2017«, unter: www.zdh.de/daten-fakten/kennzahlen-des-handwerks/ (abgerufen am 19.02.2019)

23 Daniela Frank: »Stadt oder Land: Wo leben Kinder besser?«, unter: www.baby-und-familie.de/Entwicklung/Stadt-oder-Land-Wo-leben-Kinder-besser-232525.html (abgerufen am 15.02.2019)

24 Eltern.de: »Fünf Gründe für den Umzug auf's Land«, unter: www.eltern.de/familie-urlaub/ohr-nach-draussen-unsere-blogs/fuenf-gruende-fuer-den-umzug-aufs-land?utm_source=facebook&utm_medium=posting&utm_campaign=eltern_fanpage&fbclid=IwAR21l-PF29oN35y9yHubYZsSdyris4dqg3cYOu-3LoVbKCBNbHZbvKoIhIHP8 (abgerufen am 16.02.2019)

25 Bundesministerium für Familie, Senioren, Frauen und Jugend: »Was ist ein Mehrgenerationenhaus?«, unter: www.mehrgenerationenhaeuser.de/mehrgenerationenhaeuser/was-ist-ein-mehrgenerationenhaus/ (abgerufen am 26.03.2019)

26 Kerstin Hoppenhaus: »Wer erbte früher den Hof der Eltern im Schwarzwald?«, unter: www.planet-wissen.de/kultur/mittelgebirge/schwarzwald/pwiewissensfrage530.html (abgerufen am 09.04.2019)

27 Twitterperlen.de: »Die ehrlichsten Tweets über das Leben auf dem Dorf«, unter: www.twitterperlen.de/die-ehrlichsten-tweets-ueber-das-leben-auf-dem-dorf/ (abgerufen am 17.02.2019)

28 Ruth van Doornik: »Die Big Player wachsen, die Kleinen bleiben auf der Strecke«, unter: www.welt.de/regionales/bayern/article176572174/Ladensterben-auf-dem-Land-Die-Big-Player-wachsen-die-Kleinen-bleiben-auf-der-Strecke.html (abgerufen am 02.02.2019)

29 Mettmann: »Was den Dorfbewohnern fehlt«, Studie zur »Mobilen Versorgung auf dem Land«, »Mangel an Supermärkten und Ärzten«, unter: www.presseportal.de/pm/82724/3112733 (abgerufen am 02.05.2019)

30 Christian Bangel: »Stadt, Land, Vorurteil«, unter: www.zeit.de/feature/deutsche-bevoelkerung-stadt-land-unterschiede-vorurteile (abgerufen am 28.02.2019)

31 Christian Bangel: »Stadt, Land, Vorurteil«, unter: www.zeit.de/feature/deutsche-bevoelkerung-stadt-land-unterschiede-vorurteile (abgerufen am 28.02.2019)

32 Christian Bangel: »Stadt, Land, Vorurteil«, unter: www.zeit.de/feature/deutsche-bevoelkerung-stadt-land-unterschiede-vorurteile (abgerufen am 28.02.2019)

33 IG-Bargeshagen.de: »Vorteile einer Umgehungsstraße«, unter: www.ig-bargeshagen.de/index.php/neue-seite-7/ (abgerufen am 01.03.2019)

34 IG-Bargeshagen.de: »Nachteile einer Umgehungsstraße«, unter: www.ig-

bargeshagen.de/index.php/neue-seite-6/ (abgerufen am 01.03.2019)

35 NEON-Community-Mitglied Mirjam B.: »Dorfkind und nicht stolz drauf: Abschiedsbrief an meine Heimat«, unter: www.stern.de/neon/heimat/stadt-land/dorfkind-und-nicht-stolz-drauf--ein-abschiedsbrief-von-der-heimat-8163218.html

36 Silke Fokken: »Fünftklässler kommen nicht mehr hinein«, unter: www.spiegel.de/lebenundlernen/schule/schulwege-viele-schueler-leiden-unter-pendelei-mit-dem-bus-a-1227993.html (abgerufen am 14.04.2019)

37 Kinderleute.de: »Dorfschulen – erhalten oder schließen? Am Beispiel Rugendorf Stadtsteinach«, unter: www.kinderleute.de/dorfschulen-erhalten-oder-schliessen/ (abgerufen am 14.04.2019)

38 Head-Gate.de: »Arbeiten in der Provinz: Viele Vorteile – aber auch Gegenargumente«, unter: https://head-gate.de/arbeiten-in-der provinz/?fbclid=IwAR0POjPT-aQthlkKaSzXDOKEQYm9iqJe2jrwL7OT-xOIPbolzDtAmo319JtlE (abgerufen am 05.02.2019)

39 Absolventa.de: »Jobs auf dem Land: Warum du in der Provinz Karriere machst.«, unter: www.absolventa.de/karriereguide/arbeit-und-alltag/arbeiten-auf-dem-land (abgerufen am 05.02.2019)

40 Absolventa.de: »Jobs auf dem Land: Warum du in der Provinz Karriere machst«, unter: www.absolventa.de/karriereguide/arbeit-und-alltag/arbeiten-auf-dem-land?fbclid=IwAR3Xds-xn3sB6aLzOWNJBfPrDt9RfGrtk-DVzed_frHhFVEhYqBkRy3NaGE4 (abgerufen am 05.02.2019)

41 Head-Gate.de: »Arbeiten in der Provinz: Viele Vorteile – aber auch Gegenargumente«, unter: https://head-gate.de/arbeiten-in-der provinz/?fbclid=IwAR0POjPT-aQthlkKaSzXDOKEQYm9iqJe2jrwL7OT-xOIPbolzDtAmo319JtlE (abgerufen am 05.02.2019)

42 Andreas Mihm: »Deutschland hat so viele Vereine wie nie zuvor«, unter: www.faz.net/aktuell/wirtschaft/menschen-wirtschaft/neuer-rekord-deutschland-hat-so-viele-vereine-wie-nie-zuvor-12288289.html (abgerufen am 09.03.2019)

43 Wikipedia.org: »Hausschlachtung«, unter: https://de.wikipedia.org/wiki/Hausschlachtung (abgerufen am 19.04.2019)

44 Oberle: »Robuste Fische voller Energie«, unter: https://fischerei-oberle.de/index.php/fischzucht/abfischen (abgerufen am 19.04.2019)

45 Waldbret.de: »GESELLSCHAFTSJAGD, BEWEGUNGSJAGD, TREIBJAGD, DRÜCKJAGD – Was ist der Unterschied?«, unter: www.waldbret.de/gesellschaftsjagd-bewegungsjagd-treibjagd-drueckjagd-was-ist-der-unterschied/ (abgerufen am 19.04.2019)

46 Stühren.de: »Sitten und Gebräuche«, unter: www.xn--sthren-4ya.de/Sitten_Gebraeuche.html?fbclid=IwAR3e5TNcQM-Gmj01zQWk3XCwd7KlJzVis2br-qCMp3EP9OswfTdzRz1RezGPE (abgerufen am 01.02.2019)

47 Landgericht Hildesheim: »Häufiges Krähen eines Hahnes in unmittelbarer Nachbarschaft stellt eine Störung des Eigentums dar / Kein Misthaufen an der Grundstücksgrenze«, unter: www.kostenlose-urteile.de/LG-Hildesheim_7-S-54189_Haeufiges-Kraehen-eines-Hahnes-in-unmittelbarer-Nachbarschaft-stellt-eine-Stoerung-des-Eigentums-dar-Kein-Misthaufen-an-der-Grundstuecksgrenze.news13416.htm (abgerufen am 19.02.2019)

48 derstandard.at: »Tiroler Bauern über Schuldspruch im Kuhattacken-Urteil empört«, unter: https://derstandard.at/2000098403687/Tiroler-Bauer-soll-nach-Kuh-Attacke490-000-Euro-zahlen (abgerufen am 19.02.2019)

49 Armin Obalski: »Güllebehälter: Bürgermeister rät von Klage ab«, unter: www.wp.de/staedte/warstein-und-um-

land/guellebehaelter-buergermeister-raet-von-klage-ab-id12139052.html (abgerufen am 19.02.2019)

50 Carmen Böker: »Unter Läuten«, unter: www.zeit.de/zeit-magazin/leben/2019-04/kuhglocken-streit-gerichtsurteil-laerm-holzkirchen-oberbayern (abgerufen am 17.04.2019)

51 Panorama (dpa): »Dörfer, in denen die Jugend um die 50 Jahre alt ist«, unter www.welt.de/vermischtes/article170773216/Doerfer-in-denen-die-Jugend-um-die-50-Jahre-alt-ist.html?fbclid=IwAR1cxbEGjhspve-tyxjVxk9OLW_ibO-TBISH8oqjqkT-A4pTRtcQDBNTSxFLo (abgerufen am 02.02.2019)

52 Janne Hoffmann: »Schnelles Internet auf dem Land: Was tun ohne DSL und Kabelanschluss?«, unter: www.giga.de/extra/dsl/specials/schnelles-internet-auf-dem-land-was-tun-ohne-dsl-und-kabelanschluss/ (abgerufen am 16.03.2019)

53 Heise.de (dpa): »Breitbandausbau: Bauern klagen über langsames Internet«, unter: www.heise.de/newsticker/meldung/Bauern-klagen-ueber-langsames-Internet-4029159.html (abgerufen am 16.03.2019)

54 Matthias Biskupek: »Länderreport / 02. Dezember 2010«, unter: www.deutschlandfunkkultur.de/ortsspitznamen-pdf.media.4071ed0147ff-0723e70fd451ba369939.pdf (abgerufen 18.03.2019)

55 Wikipedia.de: »Tempelhof (Gemeinschaft)«, unter: https://de.m.wikipedia.org/wiki/Tempelhof_(Gemeinschaft)?fbclid=IwAR34nruAhwMS-lSO91OjL2K6lLRBOKwjgmolH_f0n Reijf8xuLGdVe2yoWIo (abgerufen am 28.03.2019)

56 Lars Reichardt: »Der erfundene Ort«, unter: https://sz-magazin.sueddeutsche.de/gesellschaft-leben/der-erfunde-ne-ort-79362?fbclid=IwAR1YoQPYk-teWcwBHOxtr3aQgxlnpLf5MUI88Of-zi6dPWgq63voDTb7wEjuM (abgerufen am 15.04.2019)

57 Bianca Haslbeck: »Taxi-Misere auf dem Land«, unter: www.bayerische-staatszeitung.de/staatszeitung/kommunales/detailansicht-kommunales/artikel/taxi-misere-auf-dem-land.html (abgerufen am 10.01.2019)

58 Friedemann Karig »Warum Alkohol der beste Katerkiller ist«, unter: www.jetzt.de/drogen/mythos-konter-bier-alkohol-gegen-kater (abgerufen am 04.04.2019)

59 Viktor Sohm: »Warum Landkinder bessere Trinker als Stadtkinder sind«, unter: www.vice.com/de/article/3dwzyw/warum-landkinder-bessere-trin-ker-als-stadtkinder-sind-281 (abgerufen am 04.04.2019)

60 Jana Werner: »Plötzlich allein«, unter: www.welt.de/print/wams/hamburg/article126883071/Ploetzlich-allein.html (abgerufen am 02.05.2019)

61 Frankfurter Allgemeine: »Die Deutschen flüchten vom Land«, unter: www.faz.net/aktuell/politik/inland/bertelsmann-studie-landflucht-haelt-an-13691768.html (abgerufen am 03.05.2019)

62 Susanne Gaschke: »Land sucht Arzt – dramatische Unterversorgung droht«, unter: www.welt.de/politik/deutschland/article156800436/Land-sucht-Arzt-dra-matische-Unterversorgung-droht.html (abgerufen am 03.05.2019)

63 Peter Sauer: »Zu fit fürs Heim, aber nicht allein – Das Seniorendorf Kirkel«, unter: www.daserste.de/information/wirtschaft-boerse/plusminus/sendung/sr/Sendung-vom-09-01-218-senioren-dorf-100.html (abgerufen am 03.05.2019)

64 Rudolf Novotny: »Das Dorf der Rentner«, unter: www.fr.de/panorama/dorf-rent-ner-11709780.html (abgerufen am 04.05.2019)

HOW TO SURVIVE ALS ALLEINERZIEHENDE

ARBEIT, KINDER, WÄSCHE, ELTERNABEND, ESSENKOCHEN –
WIE ALLES ALLEIN KLAPPT UND MAN TROTZDEM SPASS DABEI HAT.

HOW TO SURVIVE ALS ALLEINERZIEHENDE
LOCKER BLEIBEN ALLEIN MIT KIND
Von Sarah Rauch
240 Seiten, Taschenbuch
ISBN 978-3-86265-641-7 | Preis 9,99 €

Wer Tag für Tag ganz allein den Alltag mit Kindern stemmt, steht nicht selten vor Fragen wie »Wo ist denn schon wieder die Zeit geblieben?«, »Wie bringe ich das nur den Kleinen bei?« oder »Was tun, um nicht im täglichen Chaos zu versinken?«

HOW TO SURVIVE ALS ALLEINERZIEHENDE zeigt, dass es auf jede dieser Fragen mehr als nur eine Antwort gibt. Ob Erziehung, Organisation, Haushalt oder Job – jedes Kapitel gibt unterhaltsame Einblicke in typische Alltagssituationen und in die klassischen Konflikte aller Alleinerziehenden.

Autorin Sarah Rauch geht die Sache positiv an, schildert Anekdoten aus ihrem Leben als Alleinerziehende und zeigt, dass Mütter und Väter auch ohne Partner jede Menge Spaß im Alltag mit ihren Kindern finden können.

Ein kurzweiliger Ratgeber für die wahrhaften Helden!

WWW.SCHWARZKOPF-SCHWARZKOPF.DE

KRISTINA VOM DORF wurde 1987 in Werdau geboren und wuchs in einer 700-Seelen-Gemeinde auf. Nach einem Masterabschluss im Medienbereich sowie Jobs bei Zeitungen und im TV fand die Bloggerin ihre Berufung im Schreiben. Die Städte, in die es sie beruflich und der Liebe wegen verschlug, wurden immer größer, ihre Wurzeln wird sie aber nie vergessen. Einmal Dorfkind, immer Dorfkind. *www.kristinavomdorf.com*

Kristina vom Dorf
HOW TO SURVIVE AUF DEM DORF
Auf Du und Du mit der Provinz –
für Daheimgebliebene, Rückkehrer und Zugezogene!
Mit Illustrationen von Jana Moskito

ISBN 978-3-86265-773-5

HOW TO SURVIVE – DIE REIHE MIT DEM HAI wird von Martin Brinkmann und Oliver Schwarzkopf herausgegeben | Zeichnungen: Jana Moskito | Titelfoto der Autorin: © Kai Schmidtsberger, Hintergrund: © Dudarev Mikhail/stock.adobe.com | Autorenfoto: Kristina vom Dorf (KvD)

VERLAG
Schwarzkopf & Schwarzkopf Verlag GmbH
Kastanienallee 32, 10435 Berlin
Telefon: 030 – 44 33 63 00
Fax: 030 – 44 33 63 044

INTERNET | E-MAIL
www.schwarzkopf-schwarzkopf.de
www.facebook.com/schwarzkopfverlag
info@schwarzkopf-schwarzkopf.de